Margaretha Kopeinig

MERDE ALORS!

JEAN ASSELBORN –
EINE POLITISCHE BIOGRAFIE

Mit einem Vorwort von Ban Ki-moon

GEGRÜNDET
1999

Margaretha Kopeinig

MERDE ALORS!

JEAN ASSELBORN – EINE POLITISCHE BIOGRAFIE

Mit einem Vorwort von Ban Ki-moon

Czernin Verlag, Wien

Gedruckt mit Unterstützung der Stadt Wien, Kultur

Kopeinig, Margaretha: Merde alors! Jean Asselborn – eine politische Biografie / Margaretha Kopeinig
Wien: Czernin Verlag 2020
ISBN: 978-3-7076-0711-6

Coverfoto: Luxemburger Wort, Guy Wolff
Autorinnenfoto: Jeff Mangione
Umschlaggestaltung und Satz: Mirjam Riepl
Lektorat: Karin Raschhofer-Hauer
Druck: GGP Media GmbH
ISBN Print: 978-3-7076-0711-6
ISBN E-Book: 978-3-7076-0712-3

INHALT

VORWORT

Jean Asselborn ist seit Juli 2004 luxemburgischer Außenminister. Meines Wissens ist er heute der am längsten amtierende Außenminister der Europäischen Union – und selbst weltweit wird es nicht mehr viele Außenminister geben, die länger im Amt sind als er. Ich war von Januar 2004 bis November 2006 Außenminister der Republik Korea, wir haben also einige Zeit in der gleichen Funktion für unsere jeweiligen Länder gedient.

Ich erinnere mich an ein Treffen mit Außenminister Asselborn, als Luxemburg in der ersten Hälfte des Jahres 2005 die Präsidentschaft der Europäischen Union innehatte. Er war ein leidenschaftlicher europäischer Bürger und ein Weltbürger, und beides ist er heute noch. Während meiner Kampagne für den Posten des UN-Generalsekretärs war er so freundlich, mich vielen europäischen Außenministern vorzustellen. Für seine starke Unterstützung bin ich ihm immer noch dankbar.

In meiner Zeit als Generalsekretär der Vereinten Nationen in den Jahren 2007 bis 2016 hatte ich ebenfalls gute Beziehungen zum luxemburgischen Außenminister – persönlich und auch telefonisch. 2012 war Luxemburg Kandidat für einen Sitz im Sicherheitsrat der Vereinten Nationen für die Jahre 2013 und 2014. Jean Asselborn startete eine weltweite, intensive Kampagne dafür. Am Ende hat sie sich als erfolgreich erwiesen: Luxemburg war zum ersten Mal in der Geschichte der Vereinten Nationen zum Mitglied des Sicherheitsrates gewählt worden. Das war gut für Luxemburg und für die Vereinten Nationen. Am Ende dieser zwei Jahre teilte mir Asselborn mit, dass er während der gesamten Periode an 17 Sitzungen des Sicherheitsrates teilgenommen hatte. Die Stimme Luxemburgs war immer eine Stimme für Frieden, Menschenrechte und Rechtsstaatlichkeit – sowohl auf nationaler als auch auf internationaler Ebene.

Seit Dezember 2013 ist Jean Asselborn neben seiner Funktion als Außenminister auch Minister für Migration und Asyl. Soweit ich informiert bin, war und ist er in diesem Bereich sehr engagiert, und seine Arbeit gewann seit Beginn der Migrationskrise im Jahr 2015 noch mehr an Bedeutung. Gleichzeitig wurde diese Arbeit aber auch immer schwieriger.

Kürzlich hat er den »Globalen Pakt der Vereinten Nationen für sichere, geordnete und reguläre Migration« (GCM), der 2018 von der Generalversammlung verabschiedet wurde, nachdrücklich unterstützt. Ich schätze es sehr, dass er die UN-Ziele für nachhaltige Entwicklung fördert. Natürlich freue ich mich, dass er auch die Arbeit des Ban-Ki-moon-Zentrums für Weltbürger in Wien unterstützt.

Jean Asselborn, der im April 2019 seinen 70. Geburtstag feierte, ist meines Wissens ein enger Freund des deutschen Bundespräsidenten Frank-Walter Steinmeier und des ehemaligen österreichischen Bundespräsidenten Heinz Fischer (2004–2016). Beide kommen in diesem Buch zu Wort.

Ich begrüße diese Publikation, weil sie viele Informationen über die europäische und internationale Politik enthält. Das Buch vermittelt auch Einblicke in eine Person, die viel zur Entwicklung der europäischen Zusammenarbeit, zur Entwicklung der Vereinten Nationen und zum Erfolg der Ziele für nachhaltige Entwicklung beigetragen hat.

Seoul, Dezember 2019
Ban Ki-moon

EINLEITUNG

Dieses Buch erzählt von Jean Asselborn, dem dienstältesten Außenminister der Europäischen Union seit 2004. Doch Amtsjahre allein machen die Bedeutung des luxemburgischen Sozialdemokraten nicht aus. Es sind das wohl sein Ansehen, seine zentrale Rolle im Kreis der 27 EU-Außenminister, seine klare Haltung zu verschiedenen politischen Themen, zu aktuellen Fragen und nicht zuletzt sein Sinn für Humor. Das macht ihn beliebt, nicht nur unter Kollegen in Europa und außerhalb, sondern auch unter zahlreichen Medienvertretern. In seinem Heimatland Luxemburg liegt er seit Jahren bei Umfragen zu Kompetenz, Sympathie und Bekanntheit mit rund 85 Prozent Zustimmung unangefochten auf Platz eins.[1] Je älter Jean Asselborn wird, je länger er in der Politik ist, desto überzeugender scheint er auf Menschen zu wirken.

Viele fragen sich: Was macht nun dieses Image aus? Das vorliegende Buch versucht Antworten zu geben. Vollständig wird das nie gelingen. Jean Asselborn hat viele Facetten und Eigenschaften.

Freund und Feind bestätigen seine pointierte Sprache, seine Offenheit und seine Bereitschaft, unangenehme Dinge beim Namen zu nennen. Er ist ein mitreißender Charismatiker. Wer eine Podiumsdiskussion besucht, bei der Asselborn auf der Bühne sitzt, kann sicher sein, dass er sich nicht langweilen wird. Wer seine Statements vor EU-Ministerräten hört, wird kurz und knapp informiert und weiß über die Konfliktlinien und die Stimmungslage der EU-Außenminister Bescheid. Der Luxemburger argumentiert schnell, manchmal auch konfrontativ. Er kennt sich in der Europapolitik aus und spart sperrige Begriffe aus.

Was Jean Asselborn in der Öffentlichkeit so sympathisch und bei seinen Gesprächspartnern so beliebt macht, ist seine Liebe zu den Menschen. Er engagiert sich seit jeher für jene Gruppen, die keine Lobby haben. Er setzt sich für Flüchtlinge, Arme, sozial Schwache und Benachteiligte sowie Opfer autoritärer Regime ein. So sagt er in einem unserer Gespräche, dass sein »größter Erfolg« als Außenminister die Befreiung eines Vaters von vier Kindern aus dem Kerker war. Der Mann, tunesischer Nationalität, lebte mit seiner Familie in Luxemburg und wurde bei einem Besuch in seiner Heimat festgenommen und eingesperrt. Er saß ein Jahr in den Verliesen von Diktator Ben Ali und wurde gefoltert. Die persönliche Beziehung von Jean Asselborn zu seinem damaligen tunesischen Amtskollegen hat geholfen, diesen Mann zu befreien. »Er und seine Frau und Kinder schreiben mir seither jedes Jahr«, freut sich Asselborn. »In all den Jahren als Außenminister war dies eine humanitäre Aktion, die mir viel Motivation gab, mich mit Energie für die Menschenrechte und den Rechtsstaat einzusetzen.« Mit diesem Satz ist wohl alles gesagt, was Jean Asselborn ein Herzensanliegen ist: die Wahrung der Menschenrechte, der Kampf für Demokratie und für den Rechtsstaat. Diese Haltung stellt er einmal mehr im Frühjahr 2020 unter Beweis, als er nach langem Streit mit EU-Partnern und zähen Verhandlungen zwölf Minderjährige aus völlig überfüllten griechischen Flüchtlingslagern nach Luxemburg holt. Er erklärt die Rettung der Flüchtlinge zu einer Frage der Menschlichkeit. »Bei diesem Thema entscheidet sich, ob sich die Europäische Union noch in den Spiegel schauen kann.«

Asselborn ist einer, der nahbar ist. Trotz seiner Macht kommuniziert er mit allen auf Augenhöhe. Er setzt aber diese Macht dort ein, wo er Politik gestalten und Verhältnisse verändern kann. Unter Diplomatie versteht er, präsent zu sein und auf der ganzen Welt möglichst viele Amtskollegen und Entscheidungsträger persönlich zu besuchen und kennenzulernen. Ein internationales Netzwerk von Freunden ist sein Kapital.

Wenn er quer über den Globus unterwegs ist, dann ist der Außenminister in seinem Element: Allein im Jahr 2017 legte er 305.260 Kilometer auf seinen Reisen zurück, zu Lande und in der

Luft. Im Vergleich dazu: Die Distanz zum Mond beträgt 384.400 Kilometer. Insgesamt absolvierte er in dem genannten Jahr 92 offizielle Missionen und besuchte 31 Länder. Als Außenminister war er 250 Tage auf Dienstreise.[2] Jean Asselborn erklärt diese Auslandstermine mit einer »politischen Notwendigkeit«, denn Luxemburg ist nach Malta das zweitkleinste Land in der EU. »Es ist die Gelegenheit zu zeigen, dass Luxemburg bereit ist, Verantwortung in Europa und in der Welt zu übernehmen, dass wir ein glaubwürdiger und engagierter Partner sind. Das entspricht unserer Haltung und unseren Interessen«, sagt Jean Asselborn in seiner ersten außenpolitischen Erklärung vor dem Parlament[3] im Jahr 2005. Und das gilt auch heute noch.

Neben dem Auftrag, im Interesse Luxemburgs und der Europäischen Union tätig zu sein, geht es Jean Asselborn bei seinen Reise-Aktivitäten auch darum, Anteil an den Problemen und Sorgen der Bevölkerung jenes Landes zu nehmen, das er gerade besucht. Er ist nicht der klassische Typ eines Außenministers, der gerne repräsentiert und punktgenau das Protokoll verfolgt, er ist schon eher persönlicher Botschafter und Menschen-Versteher. Er ist einer, dem alles nahegeht. Jean Asselborn ist in seiner Klasse als Außenminister gleichzeitig auch ein politischer Aktivist und Humanist.

So wie er von »persönlichen Erfolgen« spricht, ist er auch imstande und bereit, über seinen »größten Misserfolg« zu reden, eine Eigenschaft, die für Vertreter der höchsten politischen Ebene nicht selbstverständlich ist. Jean Asselborn ist nicht nur Minister für auswärtige Angelegenheiten, sondern auch Minister für Immigration und Asyl. Und jener »größte Misserfolg« ist »ohne Zweifel die Unfähigkeit, im Herbst 2015 unter luxemburgischem EU-Vorsitz des Innenministerrates die Verteilung von Migranten und Flüchtlingen aus Italien und Griechenland nicht geschafft zu haben. Dies vor allem wegen der Visegrád-Länder Ungarn, Tschechien, Polen und der Slowakei.«

Bis heute wirkt diese negative Erfahrung nach, sie lastet auf dem Gewissen und belastet den politischen Anspruch von Jean Asselborn.

»Die Ohnmacht, elementarste Menschlichkeit in der EU nicht durchsetzen zu können, das Prinzip der Solidarität und der Verantwortung mit Füßen zu treten, hat mir schon sehr zu schaffen gemacht. Die Geschichte wird wohl festhalten, dass wir ab 2015 nicht mehr im Einklang mit den Grundwerten der Europäischen Union sind, so wie sie in den Römischen Verträgen mit dem Begriff ›Gemeinschaft‹ definiert sind.«

Jean Asselborn ist auf der EU-Bühne einer der letzten Europäer seiner Art. Er weiß als Luxemburger, wie wichtig in Europa und in der Welt ein sehr persönliches Beziehungsgeflecht ist. Das ist seine Praxis und seine Art, Politik zu betreiben. Und weil er aus Luxemburg kommt, bringt er zudem die wichtigsten Tugenden mit, über die ein europäischer Politiker verfügen muss: Er ist kompromissfähig. Und er vergisst nie, wie dieses Europa und vor allem seine mächtigen Mitspieler aus der Perspektive der kleinen Staaten wirken. Die vermeintlich Großen sind manchmal die ganz Kleinen.

Nachschrift: Sämtliche nicht anders gekennzeichnete Zitate stammen aus den persönlichen Gesprächen mit Jean Asselborn, die ich im Zuge der Recherche zu diesem Buch mit ihm geführt habe. Der Text wurde während der Corona-Krise Mitte April 2020 fertiggestellt.

1. UMRINGT VON EUROPAS HISTORIE
Jean Asselborns Arbeitsplatz

Was für eine Geschichte: Dort, wo Luxemburgs Außen- und Migrationsminister Jean Asselborn sein Büro hat, stand einst das Bett von Ludwig XIV. Der Sonnenkönig schlief dort, wo der Chefdiplomat des Großherzogtums heute Amtskollegen empfängt, Verhandlungen führt, Projekte initiiert, mit der ganzen Welt telefoniert und in den sozialen Medien kommuniziert. Viermal legte sich der Monarch hier zur Ruhe. Von Donnerstag, 21. Mai 1687, bis Montag, 26. Mai 1687, weilte Ludwig XIV. in Luxemburg, nicht aus Vergnügen, sondern in militärischer Mission. Er wollte sich die strategisch bedeutende Stadt, die unter spanischer Verwaltung stand, kurzerhand unter den Nagel reißen, was ihm auch mühelos gelang. Unter seiner Regentschaft entwickelte sich Frankreich zu einer politischen und kulturellen Vormacht in Europa.

Seinen Feldzug ließ Ludwig XIV. auch penibel dokumentieren. Mit ihm reiste der Chronist Jean Baptiste Racine, einer der bedeutendsten Autoren der französischen Klassik. Er begleitete den König auf Schritt und Tritt und zeichnete das Geschehen akribisch im heutigen Arbeitszimmer von Asselborn auf. Der machtbewusste König wusste genau, worauf es ankommt. Ludwig XIV. überließ nichts dem Zufall. Er achtete auf sein Image und überprüfte jeden Text, der über ihn geschrieben und für die Nachwelt aufgezeichnet wurde. Den Begriff »Message Control« gab es damals noch nicht, die Methode aber ganz offensichtlich schon.

Wir stehen mitten im Büro des Außenministers, in diesem stilvollen Ambiente, und Jean Asselborn erzählt gerne die Geschichte von Ludwig XIV., wenn er Gäste mit seiner umfassenden Wärme und Herzlichkeit empfängt.[4] Seit Anfang 2017 residiert Luxemburgs Chefdiplomat in diesem Gebäude, einem der ältesten und schönsten der Altstadt von Luxemburg in der Rue du Palais de Justice Nummer 9.

Das Bâtiment Mansfeld, wie es offiziell heißt, trägt den Namen des ehemaligen Gouverneurs Graf Peter Ernst I. von Mansfeld. Er baute Mitte des 16. Jahrhunderts für sich selbst einen Gouverneurspalast in der Stadt. Im 20. Jahrhundert war das Gebäude der Gerichtspalast Luxemburgs. Ab 2009 wurde das prächtige Bauwerk in der Mini-Metropole umfassend renoviert und umgebaut. Jetzt ist das Palais am Ende einer verwinkelten Gasse der Sitz des luxemburgischen Außen-, Europa- und Migrationsministeriums.

Die Affinität Jean Asselborns zu Europa ist nicht gespielt, auch nicht überzogen, sondern entspricht seiner tiefen Überzeugung für das europäische Friedensprojekt und gleichzeitig seiner tiefen Ablehnung von Nationalismus und Rassismus. Vor dem Eingang zu seinen Amtsräumen steht nur eine Fahne. Und es ist nicht die des Großherzogtums, sondern die Fahne der Europäischen Union, das blaue Banner mit dem Kranz aus zwölf goldenen Sternen.

Jean Asselborn fühlt sich in diesen Räumen voller Geschichte und Geschichten sichtlich wohl. Sein Büro, in dem Ludwig XIV. vier Nächte verbrachte, ist ein großer, hoher und heller Raum mit dunklem Holzboden, einem offenen Kamin und aufwendiger Deckenstuckatur aus dem 17. Jahrhundert.

Das Arbeitszimmer wirkt schlicht, funktional und ist größtenteils modern eingerichtet. Die Ausstattung könnte in jedem größeren Einrichtungshaus gekauft worden sein. Den Raum beherrscht ein riesiger Schreibtisch mit dunkler Glasplatte. Akten, Bücher, Mappen und Dokumente stapeln sich hier, dazwischen liegen Reise-Andenken. Ein Laptop steht geöffnet auf dem Tisch. Schlichte Regale säumen den Kamin. Dieser wird nicht mehr benutzt, dafür fehlen dem Außenminister Zeit und ruhige Momente. Die barocke Sitzgarnitur in hellem Satin vis-à-vis des Schreibtisches passt so gar nicht zum nüchternen Geschmack des Chefdiplomaten. »Die war schon hier«, erzählt er. Als feiner ästhetischer Kontrast hängt über der Sitzbank ein abstraktes Bild des

Pflichtprogramm: Außenminister Jean Asselborn beim Akten-Studium in seinem Büro

bekannten luxemburgischen Malers Guy Michels. Das Werk in seinen braunen und beigen Tönen fällt auf.

Auf dem kleinen Beistelltisch vor dem Sofa hat Jean Asselborn bewusst eine Miniatur der Bronze-Skulptur »Non-Violence« (Gewaltlosigkeit) des schwedischen Künstlers Carl Fredrik Reutersward platziert. Das Original wurde 1985 vor dem Gebäude der Vereinten Nationen am East River in New York City installiert und stellt einen übergroßen Revolver, einen Colt Python, dar, dessen Lauf verknotet ist. Das Kunstwerk gilt mittlerweile als universelles Symbol gegen jede Form von Gewalt und war ein Geschenk Luxemburgs an die Vereinten Nationen. Für den Außenminister ist die kleine Skulptur ein Statement, ein deutlicher Hinweis für jeden Besucher: Jean Asselborn ist ein glühender Verfechter des Systems der Vereinten Nationen, des Multilateralismus als Garant für eine internationale, auf Recht beruhende und durch Regeln abgesicherte Weltordnung. In seinem Denken ist Jean Asselborn Pazifist.

Direkt von seinem Büro gelangt man in einen Besprechungsraum und dann ins Freie auf eine große Terrasse. Wenn man seinen Blick von hier aus über den Fluss Alzette richtet, sieht man das hellgelbe Geburtshaus des ehemaligen französischen Außenministers Robert Schuman, dem Architekten der Europäischen Union. Es ist ein unauffälliges einstöckiges Gebäude. Heute ist es Sitz des Europäischen Studien- und Forschungszentrums.

Jean Asselborn zeigt stolz auf das Schuman-Haus, er sieht in dem europäischen Politiker gerne einen Luxemburger, was dieser aber gar nicht war. Geboren wurde Robert Schuman in den Wirren des 20. Jahrhunderts als Reichsdeutscher in Luxemburg-Stadt, gestorben ist er als französischer Staatsbürger. Was unerwähnt bleibt, ist die Tatsache, dass hinter dem Gründervater des europäischen Einigungswerkes ein Mann namens Jean Monnet steht, der die Idee eines Vereinten Europas mit einem Plan flankierte, die Europäische Gemeinschaft für Kohle und Stahl. Monnet, einem französischen Unternehmer und Wirtschaftsberater, gelang es wenige Jahre nach Ende des Zweiten Weltkrieges, Schuman von dem Konzept zu überzeugen, die Produktionsbeschränkungen für deutschen Stahl aufzuheben, wenn Deutschland seinerseits bereit wäre, seine Ressourcen mit Frankreich zu teilen. Konkret schlug Monnet eine Kohle- und Stahlindustrie vor, in der nicht nur Franzosen und Deutsche, sondern auch Italiener, Belgier, Niederländer und Luxemburger ihre Ressourcen und Märkte zusammenschließen würden. Frankreichs Außenminister Schuman übernahm den Plan von Monnet, warb für ihn und setzte ihn als Politiker um. Das Ziel beider war gleich: Kriege auf europäischem Boden für immer zu vermeiden.[5]

Robert Schuman war durch und durch Europäer, und genau so sieht sich auch Jean Asselborn. Was ihm dabei hilft, ist nicht nur seine gelebte europäische Identität, sondern auch die historische, kulturelle und wirtschaftliche Entwicklung seines Heimatlandes. Für Luxemburg bedeutet die Europäische Gemeinschaft das Ende einer

Sandwich-Situation zwischen den großen Nachbarn Deutschland und Frankreich und damit auch das Ende einer Existenz als Spielball zwischen Mächten. Entsprechend tief ist das europäische Bewusstsein der meisten Luxemburger – was Eurobarometer-Umfragen seit vielen Jahren auch deutlich zeigen. Bürger keines anderen EU-Mitgliedslandes sind so sehr von der europäischen Integration überzeugt wie Luxemburger. 46,6 Prozent der Bevölkerung sind nicht in Luxemburg geboren.

Der Außenminister, der das Amt seit dem Jahr 2004 innehat, kann und will sich der Geschichte seines Landes auch nicht entziehen. Er nutzt diese Geschichte und die Stellung Luxemburgs geschickt auf der europäischen und internationalen Bühne und verhilft so dem Land zu einer Bedeutung, die in keinem Verhältnis zu seiner Größe steht. Jean Asselborn umschreibt diesen Zustand gerne mit den Worten: »Kleines Land, großes Ausland.«

Luxemburg, die heimliche EU-Hauptstadt

Wenn der Minister auf seiner Terrasse über das Selbstverständnis und die Rolle seines Landes erzählt, kommen ihm Sätze wie »Luxemburg ist, was es ist« über die Lippen. Wenn er dem Schuman-Haus den Rücken kehrt, sieht er den jungen Stadtteil Kirchberg. Auf dem Plateau über dem Zentrum türmen sich Büros von Niederlassungen internationaler Konzerne und die monumentalen Bauten europäischer Institutionen und Behörden: Der Europäische Gerichtshof (EuGH), der Europäische Rechnungshof, die Europäische Investitionsbank (EIB), das Sekretariat des Europäischen Parlaments, die Einrichtung des Europäischen Stabilitätsmechanismus (ESM) und die Europäische Staatsanwaltschaft (EPPO) haben hier ihren Sitz. Die beiden letztgenannten EU-Behörden sind während der Amtszeit von Jean Asselborn in der luxemburgischen Hauptstadt angesiedelt worden. Besonders für den Sitz der Europäischen Staatsanwaltschaft hat sich der Außenminister nachdrücklich eingesetzt. Luxemburg ist die heimliche EU-Hauptstadt, sagen jene, denen Brüssel zu laut, zu aufgeblasen und zu hektisch ist.

Der Kirchberg ist aber auch Tummelplatz weltbekannter Architekten, die hier außergewöhnliche Bauwerke errichtet haben. Das Museum für moderne Kunst zum Beispiel, vom Architekten Ieoh Ming Pei, macht Luxemburg um ein spektakuläres architektonisches Gebäude reicher. Oder die eindrucksvolle Philharmonie des Pritzker-Preisträgers Christian de Portzamparc. Die Konstruktion ist atemberaubend, die Klangqualität darin ebenso.

Auf dem Weg zum Außenministerium stößt man ganz unauffällig auf einen anderen Teil europäischer Geschichte: Es ist eine kleine Gedenktafel aus Messing, die an einer Hauswand montiert ist. Die Gedenktafel ist Josy Zinnen gewidmet, der vor Jahrzehnten hier an der Ecke Rue du Palais de Justice und Rue de la Monnaie gelebt hat. Josy Zinnen, geboren am 28. März 1912, war ein bekannter Widerstandskämpfer gegen das totalitäre Naziregime. Weil er sich zur Wehr setzte, kam er in das Konzentrationslager Mauthausen, nahe der oberösterreichischen Landeshauptstadt Linz. Er starb am 31. Mai 1945 an den Folgen der Qualen des Konzentrationslagers, wenige Wochen nach der Befreiung des KZ am 4. Mai durch Truppen der US-Armee. Auch an diese dunkelste Seite europäischer Geschichte wird durch die Gedenktafel an Josy Zinnen vor dem Eingang des luxemburgischen Außenministeriums erinnert.

Was lehrt die Geschichte Jean Asselborn? »Man muss die Probleme Hass, Intoleranz, Nationalismus und Menschenverachtung direkt ansprechen. Man muss den Menschen hier in Europa und überall immer wieder diese Vergangenheit vor Augen führen und sagen, wozu rechte Parteien fähig sind, wohin der Weg mit ihnen führen kann.« Der Außenminister warnt in einem unserer Gespräche »vor dem Zurückfallen in nationalistische Gefühle, denn damit hat alles in den 1930er-Jahren begonnen. Wir dürfen nicht schlafwandelnd in solch eine Situation zurückkehren.«

Ein Mittel gegen aufkommenden Rechtspopulismus, Rechtsextremismus, Rassismus und Antisemitismus ist für ihn die dem europäischen Projekt innewohnende Bestimmung »Gemeinschaftssinn und Solidarität«. Sie sind »kein Allheilmittel«, das weiß Jean Asselborn, »aber sollte der Gemeinschaftsgedanke wie in der Migrationskrise weiter missachtet werden, dann steht die Zukunft der Europäischen Union auf dem Spiel«.

2. WAS DISZIPLIN UND EHRGEIZ BEWIRKEN
Vom Arbeiter zum dienstältesten Außenminister der EU

Herkunft und Familie

Vier Jahre nach Ende des Zweiten Weltkrieges wird Jean Asselborn am 27. April 1949 im luxemburgischen Steinfort geboren. Hier, im heute knapp 6000 Einwohner zählenden Ort an der Grenze zu Belgien, lebte seine Familie in bescheidenen Verhältnissen, und das schon seit Generationen. »Ich bin in ein Arbeitermilieu hineingeboren. Ich komme ja aus einer Familie, die nie ein Haus oder ein Auto besessen hat. Aber wir haben zufrieden gelebt«, sagt Asselborn offen über seine sozialen Wurzeln. Er wächst äußerst bescheiden in einer kleinen Gemeindewohnung auf. Der Vater, Philippe Asselborn, ist Alleinverdiener und arbeitet als Kranführer in einem Stahlwerk im Süden des Landes. Die Mutter, Irma Joachim, ist Hausfrau. Sie kümmert sich um ihre zwei Kinder und die Familie. »Wir waren ja nicht arm, aber wir mussten sparen. Meine Mutter hat das Geld, das mein Vater nach Hause brachte, immer genau eingeteilt: für Essen, für Wohnen und für Kleidung.« An seine Mutter erinnert sich Jean Asselborn sehr gerne, er erzählt auch oft von ihr. Er war ihr Lieblingskind. »Sie hat mir immer zugehört. Ich war ihr schon näher als dem Vater.«[6] »Obwohl ich so etwas wie das Lieblingskind meiner Mutter war, war es meine Schwester Marie-Andrée, die sich in den späten Jahren unserer Mutter, als diese von der Krankheit gezeichnet war, fast Tag und Nacht um sie gekümmert hat und immer für sie da war. Dafür gebührt ihr mein brüderlicher, großer Dank.«

Sein Vater ist im ganzen Ort bekannt und auch sehr beliebt. »Zeit seines Lebens hat er sich im Fußballverein engagiert. Er hat darauf geachtet, dass alles perfekt organisiert ist. Der Rasen musste gemäht und der Platz jederzeit spielbereit sein.« Während Jahrzehnten war

Philippe Asselborn Kassenwart beim F. C. Sporting Steinfort und die gute Seele des Fußballvereines.

Aus seiner politischen Einstellung macht der Vater nie ein Hehl: Als Stahlarbeiter ist es für ihn selbstverständlich, Mitglied der sozialistischen Gewerkschaft und der Sozialdemokratischen Partei zu sein. Täglich liest der Vater die sozialistische Tageszeitung *Tageblatt*, er hat die Zeitung abonniert. Jean Asselborns Mutter hingegen interessieren die neuesten Nachrichten aus der Welt der Politik kaum, für sie spielt der Glaube, die Religion, eine größere Rolle. »Sie ist auch regelmäßig in die Kirche gegangen. Mein Vater jedoch hatte etwas mehr Distanz zur Religion.«

Schon als Jugendlicher (1965) hat Jean Asselborn gerne die Trommel geschlagen

Das Familienleben verläuft harmonisch, die Eltern von Jean Asselborn sind zufrieden mit dem, was sie erarbeitet haben und ihren Kindern an bescheidenem Wohlstand bieten können. »Es fehlte an nichts. Die Eltern haben für mich und meine jüngere Schwester alles getan und alles gegeben.«

Die Kindheit von Jean Asselborn verläuft durchaus behütet, eingebunden in den Familienverband, unaufgeregt und ohne Besonderheiten. »Bei uns hat es überhaupt kein Brimborium gegeben.« Die Grundschule absolviert der Sohn ohne Probleme, danach ist es für die Eltern ganz selbstverständlich, dass ihr Sohn auf das Gymnasium wechselt. Er soll eine sehr gute Ausbildung erhalten, um es besser zu haben als die Eltern und Großeltern, er soll zu größerem Wohlstand kommen. Das wird ihm nachdrücklich vermittelt, Tag für Tag. »Meine Mutter hat mir immer gesagt: ›Du gehst nicht im blauen Overall arbeiten.‹« Sie will ihr Kind nicht im Blaumann sehen, sondern im dunklen Anzug mit Krawatte, dem sichtbaren und unmissverständlichen Symbol des Aufstiegs.

1967: »Jetzt will ich Geld verdienen« – Jean Asselborn wird Schichtarbeiter bei Uniroyal

Dieser Traum der Mutter geht vorerst nicht in Erfüllung. »Ich habe zu einem gewissen Moment mit 17 Jahren die Schule abgebrochen.« Es ist ein Thema, über das Jean Asselborn nicht gerne spricht. Es gehört nicht zu seinen liebsten Geschichten, sodass er gleich ablenkt, wenn er darauf angesprochen wird. »In der Schule war ich nie besonders gut, ich hatte es satt. Und ich sagte mir, ›jetzt will ich Geld verdienen‹«, erzählt er. Gegenüber dem luxemburgischen Wochenmagazin *Revue* sagt er einmal, »kein so gescheiter Junge zu sein, wie viele glauben«.[7] Jean Asselborns Geschichte ist von Unterschätzungen geprägt.

Überzeugt davon, dass es die richtige Entscheidung ist, verlässt der Teenager die Schule. Nach seiner fünften Klasse im Lycée des Garçons de Luxembourg beginnt er für den Reifenhersteller Uniroyal in Steinfort zu arbeiten. Mitte der 1960er-Jahre hat sich Uniroyal, ein großes belgisch-amerikanisches Unternehmen, in der Gemeinde niedergelassen, um dort eine Produktionsstätte für Reifencord zu errichten. In Steinfort gibt es bis in die 1960er-Jahre nur wenige Beschäftigungsmöglichkeiten.

Die gesamte Region an der belgischen Grenze ist bis zu dieser Zeit nicht gerade gesegnet mit Investitionen, gut bezahlte Arbeitsplätze sind rar. Bis 1932 hat Steinfort mit seinen zahlreichen

Sandsteinbrüchen eine Hüttenindustrie gehabt, »die Schmelz« genannt, der größte Arbeitgeber weit und breit. Nach dem Zweiten Weltkrieg dauert es jedoch lange, bis es wirtschaftlich langsam bergauf geht. Mit der Ansiedlung von Uniroyal verbessert sich die Situation spürbar, moderne Arbeitsplätze entstehen. Noch heute ist der Nachfolger von Uniroyal, Textilcord, ein wichtiger Betrieb in der Region, rund 150 Angestellte verdienen hier ihr Geld.

Jean Asselborn beginnt nach dem »Examen de passage«, einer Prüfung, die man in Luxemburg vier Jahre vor der Matura bzw. vor dem Abitur machen muss, im Jahr 1967 im Labor von Uniroyal zu arbeiten. In dieser Abteilung werden die Qualität des Materials und eine bestimmte Technik des Reifencordes überprüft. »Ich war Arbeiter und habe 75 Luxemburger Francs in der Stunde verdient. Für mich war klar, dass ich sofort Mitglied der sozialdemokratischen Gewerkschaft werde. Im Betrieb war ich der Vertrauensmann der jungen Arbeiter, und ich war auch der gewählte Vertreter der Jugendabteilung des Luxemburger Arbeiterverbandes (LAV)«, erzählt Asselborn.

Von der Reifen-Fabrik in die Gemeindeverwaltung

Nach einem guten Jahr im Labor von Uniroyal beendet Asselborn sein Arbeitsverhältnis in diesem Unternehmen. Durch eine Stellenanzeige, die er zufällig in der Zeitung liest, wird er motiviert, etwas Neues zu versuchen. Die angebotene Arbeit klingt interessant: Gesucht wird ein Mitarbeiter in der Gemeindeverwaltung der Stadt Luxemburg. »Das wäre etwas für mich«, denkt Jean Asselborn. Er ist bereit, sich zu verändern. Die Voraussetzung für die Anstellung ist ein positives Ergebnis bei einem Examen, das die Stadtverwaltung durchführt. Er meldet sich an und schafft die Aufnahmeprüfung. Im Herbst 1968 wird er Beamter. Sein Aufgabengebiet in der

Stadtverwaltung ist überschaubar, wenn auch nicht sonderlich herausfordernd. »Da habe ich Steuerkarten im Sekretariat der Gemeinde Luxemburg geschrieben und Volkszählungsdaten ausgewertet.«

Wenige Monate später, am 1. April 1969, wechselt Jean Asselborn erneut den Arbeitsplatz. Er geht zurück nach Steinfort, wo er in der Gemeinde das Einwohneramt übernimmt. Er wird Nachfolger von Marie Manderfeld, auch »Joffer Maria« genannt, einer »Institution« in der Gemeindeverwaltung Steinfort, die sich seit Kriegsende um das Einwohneramt gekümmert hat. Eine Dame, die während mehr als zwei Jahrzehnten mit großer Jovialität und Zuvorkommenheit das Empfangsgesicht der Verwaltung war. »Ihre Einstellung hat mir als Vorbild für meine Arbeit und den Umgang mit den Bürgern gedient.«

»Dort habe ich Passanträge für die Ortsbewohner ausgefüllt und mit der Hand die Cartes d'identités geschrieben und abgestempelt. Durch diese Arbeit lernte ich alle Menschen im Ort kennen. Jeder, der zu mir kam, erzählte mir seine Geschichten und alle seine Probleme.« Jean Asselborn hört aufmerksam zu, was ihm die Menschen anvertrauen, er erfährt dadurch viel Privates, Freud und Leid eines jeden Antragstellers für ein neues Reisedokument. Durch seine vielen Gespräche im Einwohneramt weiß Jean Asselborn sehr bald, wo die Menschen der Schuh drückt, was sie bewegt, welche Anliegen sie haben und was sie von den kommunalen Politikern an konkreten Maßnahmen erwarten. Jean Asselborn ist über alle Entwicklungen im Ort im Bilde. »Diese Arbeit hat mich schon sehr geprägt«, erzählt er Jahrzehnte später, gekleidet in seinen dunklen Anzug. »Man kann wohl sagen, das war der stille Beginn seiner politischen Laufbahn«, beschreibt ein Weggefährte diese Zeit Asselborns in Steinfort.

Auch wenn die Beschäftigung am Einwohneramt seine umfassende Neugierde zunächst befriedigt, äußerst informativ ist und viel Gelegenheit zur Kommunikation gibt, was dem Wesen von Jean Asselborn durchaus entspricht – er redet gerne, hat für jeden ein offenes Ohr und scherzt mit allen Menschen –, wirklich zufrieden mit dem Leben und seiner beruflichen Aufgabe ist er nicht. »Da ist etwas eingerissen, wo ich auch dabei war: Am Abend nach der Arbeit gingen wir zum Kartenspielen ins Gasthaus, wir haben ein oder zwei Bier getrunken und viel geraucht. Auf die Dauer war mir das nicht geheuer. Ich bin da in einen Rhythmus hineingekommen, aus dem ich schnell wieder rauswollte.«

Der Ehrgeiz packt ihn erneut, Jean Asselborn will aus dieser bequemen, aber begrenzten Welt ausbrechen. Die Arbeit am Einwohneramt entwickelt sich zur Routine, die Bewohner und ihre Probleme kennt er, die abendlichen Gasthausbesuche waren eine Zeit lang schön, gehen ihm aber mehr und mehr auf die Nerven. Zufällig sieht Jean Asselborn auf dem Schreibtisch einer Kollegin des örtlichen Büros der Krankenkasse ein neues Mathematik-Buch liegen. Er will wissen, warum das Buch über moderne Mathematik bei ihr auf dem Tisch liegt. Es ist ihr Lehrbuch für die Abendkurse, antwortet sie. In der Hauptstadt besucht sie eine Abendschule, um das Abitur – oder die Matura, wie es in Österreich heißt – im zweiten Bildungsweg nachzuholen. »Ich dachte mir gleich, das wäre auch etwas für mich«, erzählt Jean Asselborn begeistert. Kurz bevor er damit beginnt, drei Klassen im luxemburgischen Athenäum in Abendkursen zu absolvieren, schreibt er sich im Jahr 1972 als Mitglied der Sozialistischen Partei Luxemburgs ein, der Lëtzebuerger Sozialistesch Aarbechterpartei (LSAP), wie sie offiziell heute noch heißt.

1976: Abitur/Matura im zweiten Bildungsweg

Den ehrgeizigen Plan, das Abitur nachzuholen, setzt Jean Asselborn auch um. Ab dem Schuljahr 1973/74 fährt er jeden Abend von Steinfort nach Luxemburg-Stadt, knapp 18 Kilometer eine Strecke, um die Abendschule zu besuchen. Tagsüber ist er weiterhin am

Einwohneramt seiner Heimatgemeinde tätig. Auf Dauer empfindet er das Nebeneinander von Beamtentätigkeit und Schulunterricht jedoch als zu belastend. Ein Jahr vor der Abschlussprüfung sucht er um Freistellung in der Gemeinde an. Er nimmt sich Bildungsurlaub und besucht täglich den regulären Schulunterricht am Gymnasium. »Das war schon sehr komisch, als ich mit 26 Jahren wieder in die Schule gegangen bin, alle Mitschüler waren mit 18 oder 19 Jahren doch deutlich jünger als ich.« Eine damalige Mitschülerin findet heute noch, dass sich »Jean sehr gut in die Klassengemeinschaft eingelebt hat«. Mit 27 hat er das »diplôme de fin d'études secondaires« (vergleichbar mit der österreichischen Matura oder dem deutschen Abitur) am Athenäum geschafft. Das war ein Leistungs- und Kraftakt, auf den Jean Asselborn heute noch stolz ist. »Das Diplom nachzumachen war für mich schwieriger als meine ›maîtrise‹ an der Universität von Nancy« (der Master-Abschluss, Anm.).

Freunde von Jean Asselborn erzählen, dass er über diese harte Zeit, wo er beharrlich den Schulabschluss in Abendkursen anstrebt, also um Jahre später, als es für junge Leute üblich ist, nur sehr wenig spricht. »Es war nicht einfach. Es war auch eine schlimme Zeit«, gesteht der Außenminister. »Er hat das Abitur gemacht, weil er ehrgeizig ist und einfach mehr wollte.« Diese Worte aus dem Mund eines hochrangigen luxemburgischen Diplomaten genügen, um das zu beschreiben, was Asselborn antrieb, was sein Motiv war: mit äußerster Disziplin weiterzukommen, es sich selbst zu beweisen und den anderen erst recht.

1976 bis 1981: Werkstudent an der Université de Nancy

Jean Asselborn hätte sein bequemes Leben als höherer Beamter in der Provinz weiterführen können. Der Abschluss am Luxemburger Gymnasium im Jahr 1976 reicht ihm aber noch nicht. Er will weiterstudieren. Ein Freund aus Steinfort, François Diederich, erzählt ihm, dass es möglich ist, an der Université de Nancy II Studium und Arbeit zu kombinieren. Er nimmt Jean Asselborn einmal mit nach Nancy und zeigt ihm die Universität. Jean Asselborn überlegt nicht lange und inskribiert Rechtswissenschaften an der ehrwürdigen, im Jahr 1572 gegründeten Universität. »Eine reine Bauchentscheidung. Es war ein waghalsiges Unternehmen« – so sieht es der Minister heute.

Dreimal pro Woche fährt er über die Bundesstraße von Steinfort ins französische Nancy, eine Autobahn hat es damals noch nicht gegeben. »Das erste Studienjahr war für mich sehr anstrengend«, resümiert er viele Jahre später bei einem unserer Gespräche. Rund 140 Kilometer macht eine Strecke aus. Aus finanziellen Gründen kann er es sich nicht erlauben, seinen Job aufzugeben. »Ich habe während des Tages in der Gemeinde gearbeitet. Am Nachmittag musste ich früher weg. Der Bürgermeister Erni Sander kam mir bei der Arbeitszeit aber sehr entgegen.«

Glück hat Jean Asselborn nicht nur mit einem verständnisvollen Chef und Arbeitgeber in Steinfort, sondern auch an der Universität von Nancy, an der die Leitung des Jura-Departements auf Werkstudenten eingestellt ist. Der international bekannte Intellektuelle Jack Lang, der später französischer Kultur- und Bildungsminister wird, ist zu dieser Zeit Dekan an der rechtswissenschaftlichen Fakultät von Nancy. Jack Lang ist Sozialist und weiß, dass Studenten, die arbeiten, die Vorlesungen und Seminare während des Tages nicht besuchen können. Professor Lang erweitert das Lehrprogramm am Abend, gestaltet die Vorlesungen und Seminare flexibel und setzt Pflichtveranstaltungen auch zu einer späteren Stunde an. Jean Asselborn profitiert davon. Er besucht nach seinem Arbeitstag in Steinfort die erforderlichen Lehrveranstaltungen und verpflichtenden praktischen Übungen, wo schwierige Gerichtsfälle im Detail analysiert und diskutiert werden. Die theoretischen Grundlagen des Faches

Rechtswissenschaften lernt er aus Unterlagen und Skripten, die ihm Luxemburger Studenten, die regulär in Nancy inskribiert sind, kopieren und stets zur Verfügung stellen.

Der Beamtenjob und das gleichzeitige Studium beanspruchen Jean Asselborn über alle Maßen. Er hat kaum noch Zeit für Freunde, Familie oder für den Sport. Jede freie Minute sitzt er über den Büchern. Die Wochenenden und selbst die Urlaube sind ausgefüllt mit Pauken. Allen Mühen und Anstrengungen zum Trotz vergehen die ersten drei Jahre an der Universität sehr rasch. Die schriftlichen und mündlichen Prüfungen schafft Asselborn, die »Licence en droit« (den Bachelor in Rechtswissenschaften, Anm.) hat er in der kürzestmöglichen Studienzeit in der Tasche.

Doch das vierte Jahr, das letzte vor dem Abschluss des Master-Titels, der »maîtrise«, ist äußerst mühsam, das Lernpensum kaum durchzuhalten. Das finale Jahr scheint ihm eine unüberbrückbare Hürde zu sein. »Nach der ›Licence‹ wollte ich aufhören. Ich hatte im letzten Studienjahr einen Knacks und keine Leichtigkeit beim Lernen.« Viel mehr lässt sich Jean Asselborn über diese Zeit nicht entlocken. Gegenüber der Luxemburger Zeitschrift *forum für Politik, Gesellschaft und Kultur* beschreibt sich Asselborn deftig und mit Augenzwinkern in seiner Muttersprache Lëtzebuergesch: »Ech war domm wéi e Schwäin« (Ich war dumm wie ein Schwein).[8] Solche Aussagen, über die er selbst lachen kann, haben seiner Glaubwürdigkeit noch nie geschadet. Sie stärken ihn als Politiker, der redet wie jeder andere Mensch auch.

Manager im Spital von Steinfort

Im verflixten vierten Studienjahr 1980, in dem Jean Asselborn sein Studium beinahe hinschmeißen will, kommt noch ein Jobwechsel dazu. Er gibt die Tätigkeit als Beamter in der Gemeindeverwaltung auf und nimmt das Angebot an, Verwaltungschef im interkommunalen Spital von Steinfort zu werden. Von einem Tag auf den anderen ist er für rund 50 Mitarbeiter verantwortlich, die im Krankenhaus angestellt sind. Die neue Aufgabe ist organisatorisch, inhaltlich und menschlich herausfordernd, natürlich auch viel besser bezahlt. Ständig ist er auch mit Anfragen konfrontiert, Patienten und pflegenden Angehörigen zu helfen, rasch ein freies Bett im Spital zu bekommen, von einem bestimmten Arzt behandelt zu werden oder eine spezielle Therapie zu erhalten, denn jeder kennt Jean Asselborn und jeder weiß, dass er nicht »nein« sagen kann. »Bitte, mach das«, gibt er unzählige Hilfeansuchen an seine Mitarbeiter weiter. »Asselborn war sehr offen. Jeder konnte zu ihm hingehen, wenn es Probleme gab. Er war immer für die Menschen da. Er half und tat, was er konnte«, erinnert sich ein Verwandter eines ehemaligen schwer kranken Patienten im Hospital von Steinfort.

Die neue Aufgabe verlangt vom Krankenhausmanager ganzen Einsatz. Gedanken, das Studium an der Universität von Nancy abzubrechen, quälen ihn. Das Studium hinzuschmeißen, um sich voll auf die neue Aufgabe als Manager konzentrieren zu können, wäre eine Option gewesen. Doch aufzugeben, das kommt für Jean Asselborn nicht infrage. Niemals. Es gehört zu seinem Wesen, beharrlich zu sein und sich nicht zurückzuziehen. Er ist zu diszipliniert und zu ehrgeizig, um nach drei Jahren leichtfertig das Studium zu beenden. Wieder will er sich selbst beweisen – und wohl auch den anderen –, dass er es kann. Ein akademischer Abschluss ist für weitere Karrierepläne äußerst nützlich. Das weiß auch Jean Asselborn, er denkt auch strategisch.

Im Jahr 1980 ändert sich auch privat vieles im Leben von Jean Asselborn. Er heiratet seine Freundin Sylvie aus Steinsel. Beide kennen sich durch die politische Arbeit, auch Sylvie ist in der Sozialdemokratischen Partei engagiert. Zwei Jahre später, 1982, kommt die erste Tochter des Ehepaares, Anne, auf die Welt. Die zweite Tochter namens Julie wird 1987 geboren. Heute sind Sylvie und Jean Asselborn Großeltern von drei Enkelkindern.

In diesem 1980er-Jahr voller Auf- und Umbrüche startet Jean Asselborn einen neuen Anlauf. Er nimmt das Lernen für die juristische Abschlussprüfung wieder auf. Um Zeit und Ruhe zu finden, zieht er sich in den Ferien in ein Kloster zurück. Es ist die belgische Abtei Clairefontaine in Arlon, wenige Kilometer von Steinfort entfernt auf der anderen Seite der Grenze. Das Haus wird von Luxemburger Herz-Jesu-Priestern geführt. Hier will er sich abgeschirmt hinter dicken Klostermauern auf die Prüfungen vorbereiten, Bücher und Skripten durchackern sowie knifflige juristische Fälle analysieren. In dem Internat, in dem auch der langjährige ehemalige luxemburgische Ministerpräsident und spätere Präsident der Europäischen Kommission Jean-Claude Juncker seine Schulzeit absolviert hat, hält es Jean Asselborn allerdings nicht sehr lange aus. Die Abgeschiedenheit, die Stille, die Ruhe sind ihm nicht geheuer. Das Kloster ist wohl nicht der ersehnte und geeignete Platz, abzuschalten und sich konzentriert in die juristische Fachliteratur zu vertiefen und das Geschehen draußen zu vergessen.

»Der Gedanke, es nicht zu schaffen, ist mir so gegen den Strich gegangen«

Nach wenigen Tagen im Kloster kehrt Jean Asselborn verzweifelt nach Steinfort zurück, obwohl dort alle sehr zuvorkommend waren. »Die Zurückgezogenheit im Kloster hat mir nicht behagt. Das erste Mal seit der Schule dachte ich mir, das schaffst du nicht. Es schien, als hätte ich nicht die Kraft, das Studienjahr zu beenden.«

Was tun? Aufgeben ist, wie gesagt, Jean Asselborns Sache nicht. Erneut rafft er sich auf und trotzt den Problemen beim Pauken. Wieder folgt ein Kraftakt. »Der Gedanke, es nicht zu schaffen, ist mir so gegen den Strich gegangen. Im nächsten Jahr habe ich mich wieder in das Studium hineingekniet – und dann ist es mir gelungen, die Prüfungen zu schaffen.« Er erinnert sich so präzise, als wäre es eben erst geschehen: »Es war ein Donnerstag im Oktober 1981, als ich mein letztes Examen gehabt habe. Eine mündliche Prüfung in Religionsrecht. Ich habe die Prüfung bestanden und das Diplom an der Universität von Nancy, die ›maîtrise en droit judiciaire privé‹, bekommen.«

Nach dem Studienabschluss mit dem Master-Titel geht es Schlag auf Schlag. Jean Asselborn hat keine Zeit, sich von den Strapazen und dem nervenaufreibenden Studienjahr zu erholen. Wie es der Zufall will, finden drei Tage nach seinem Universitätsabschluss Kommunalwahlen in Luxemburg statt. Den Plan, für die Sozialdemokraten zu kandidieren, trägt er schon seit Längerem mit sich herum. Sein Vater hilft ihm bei dieser Entscheidung, in die Politik zu gehen. Schon im Sommer trifft er mit seinem Vater, der politisch seit Jahren auf kommunaler Ebene aktiv ist, eine Vereinbarung: »Mein Vater war im Gemeinderat. Im Juli 1981 sagte er zu mir, ›wenn du antrittst, dann verzichte ich gerne‹. Ich habe mich dann vor den Abschlussprüfungen an der Universität definitiv entschieden, mich der Wahl für den Gemeinderat von Steinfort zu stellen.«

Drei Tage nachdem Jean Asselborn seinen Abschluss in Rechtswissenschaften in der Tasche hat, wird er mit den meisten Vorzugsstimmen direkt zum Bürgermeister von Steinfort gewählt.

3. BEGINN EINER LANGEN POLITISCHEN KARRIERE 1982
Jean Asselborn wird Bürgermeister seiner Geburtsstadt Steinfort

Es ist der Wahltag im Herbst 1981 in Steinfort. Die Bewohner der Gemeinde sind aufgerufen, ihre kommunalen Vertreter zu bestimmen. Am frühen Abend liegt das Ergebnis der Auszählung vor: »Ich hatte die meisten Stimmen«, erzählt Jean Asselborn viele Jahre später. »Dann wurde ich Bürgermeister. Am 1. Jänner 1982 trat ich das Amt an«, berichtet er, als wenn die Wahl zum Bürgermeister etwas Selbstverständliches wäre. Was er bei unserem Gespräch in seinem Büro in Luxemburg ohne große Emotion beschreibt, ist der Beginn einer langen politischen Karriere.

An dieser beruflichen Laufbahn hat die Mutter Jean Asselborns großen Anteil. Sie ist es, die besonders stolz auf den überraschenden Wahlerfolg reagiert und ihm zuredet, das Amt des Bürgermeisters in seiner Geburtsstadt Steinfort unbedingt anzunehmen. Ihr ist wichtig, dass ihr Sohn damit eine Familientradition fortführen kann, denn von 1946 bis 1969 ist Dominique Steichen, ein Onkel Jean Asselborns aus mütterlicher Verwandtschaft, ebenfalls Bürgermeister von Steinfort gewesen. Er war auch Abgeordneter von Kriegsende bis 1968.

Fortan engagiert sich Asselborn in der Kommunalpolitik. Dabei hat er während des Studiums davon geträumt, eines Tages Rechtsanwalt zu werden, eine angesehene Kanzlei in Luxemburg-Stadt zu betreiben. Diesen Berufswunsch gibt er jedoch sehr schnell auf, nicht nur wegen des Bürgermeister-Amtes. Denn unmittelbar vor der Wahl zum Bürgermeister bekommt er auch noch ein lukratives Job-Angebot. Er denkt lange darüber nach, ob er es annehmen sollte oder nicht. Er tut sich schwer mit dieser Entscheidung. Manager des überregionalen Krankenhauses in der zweitgrößten Stadt des

Von 1982 bis 2004 ist Jean Asselborn Bürgermeister seiner Heimatgemeinde Steinfort und von 1989 bis 1997 Fraktionschef der Sozialdemokratischen Partei im Parlament

Großherzogtums, in Esch-sur-Alzette, könnte er werden. Seine Mutter lässt ihm keine Wahl. Er verzichtet darauf. Seine Leidenschaft für die Politik ist größer. Er weiß, dass er als Bürgermeister »ein neues Denken in die Gemeinde bringen kann, weg vom alten Verwalten hin zum Gestalten«. Für die Bevölkerung da zu sein und etwas für die Menschen zu bewirken, das ist sein Motiv, Politiker zu werden.

»Er war jung und sehr dynamisch, er wollte etwas machen«, erinnert sich ein älterer Gemeindebediensteter von Steinfort.

In den 1970er-Jahren und am Beginn der 1980er-Jahre hatte Steinfort den Ruf eines »verschlafenen Ortes«, beschreibt Jean Asselborn die Gemeinde, die wenig attraktiv war für jüngere Menschen, die hier Beschäftigung suchten. »Ich musste etwas gegen diese Entwicklung unternehmen, ich musste gegensteuern und habe Zonen für kleine und mittlere Handwerksbetriebe anlegen lassen, auch entlang der Autobahn, um neue Arbeitsplätze zu schaffen.«

Aus den alten Gemäuern der Eisenhütte entsteht Mitte der 1980er-Jahre ein Kulturzentrum, »Al Schmelz« genannt, das heute noch über Luxemburgs Grenzen hinaus bekannt ist. Hier werden Ausstellungen gezeigt und Theateraufführungen sowie Konzerte veranstaltet.

»Entscheidend für die Entwicklung von Steinfort« nennt Jean Asselborn seine Initiative, das alte Spital umzubauen und in eine Rehabilitationsklinik für ältere Menschen mit Pflegeheim und Tagesstätte umzuwandeln. 82 Betten stehen heute zur Verfügung, und rund 200 Arbeitsplätze sind durch diese Einrichtung entstanden.

Unter Asselborns Amtszeit als Bürgermeister werden Kindergärten für Dreijährige eingerichtet. »Steinfort war eine der ersten Gemeinden in Luxemburg mit einem solchen Angebot.« Ein entscheidender Aspekt seines kommunalen Wirkens ist die Einrichtung einer Ganztagsbetreuung für Schulkinder. Von Unterrichtsbeginn bis zur Abholung am Abend werden die Kinder hier betreut. Sie bekommen Mittagessen, am Nachmittag werden Lernhilfen für die Hausaufgaben angeboten.

Bildung ist für Jean Asselborn eine oberste Priorität. Während seiner Amtszeit lässt er sämtliche Schulen renovieren und vergrößern, um sie technisch und räumlich dem neuesten Stand der Wissensvermittlung, der Pädagogik und der Kommunikation anzupassen.

»Asselborn kümmerte sich nicht so sehr um bürokratische Organisationsformen, um jedes Detail der Verwaltung, er wollte die

Strukturen für die Zukunft verändern und damit die weitere Entwicklung der Gemeinde von Steinfort vorgeben«, fasst ein Steinforter Bürger das Wirken von Jean Asselborn zusammen. Das Amt des Bürgermeisters hat Jean Asselborn ohne Unterbrechung von 1982 bis 2004 inne. Das Resümee seiner Amtsperiode klingt sachlich: »In meiner fast 23-jährigen Amtszeit als Bürgermeister von Steinfort versuchte ich, eine lebendige Gemeinde zu gestalten.«

1994: Von der kommunalen auf die nationale Ebene

Parallel zum Amt des Bürgermeisters von Steinfort erfolgt der politische Aufstieg von Jean Asselborn auch auf nationaler Ebene. Sprosse für Sprosse geht es auf der Karriereleiter weiter nach oben. Im Jahr 1984 finden Parlamentswahlen statt. Als Mitglied der Lëtzebuerger Sozialistesch Aarbechterpartei (LSAP) kandidiert Jean Asselborn für einen Sitz im Parlament. Er wird direkt in die Abgeordnetenkammer gewählt. Auch diese Station in seinem Politikerleben erwähnt er beiläufig und fügt in raschem Tempo hinzu: »Dann wurde ich 1989 Vorsitzender der sozialdemokratischen Parlamentsfraktion. Im Jahr 1997 habe ich den Parteivorsitz übernommen.« Jean Asselborn wird Parteipräsident der Sozialdemokraten, wie es in Luxemburg offiziell heißt.

Eine Niederlage und eine Demütigung erlebt er dennoch in seiner Sozialistischen Arbeiterpartei: 1998 wird ein Regierungsposten durch den Rücktritt von Umwelt- und Gesundheitsminister Johny Lahure frei. Asselborn wähnt sich bereits als sein Nachfolger. Doch in einer parteiinternen Abstimmung unterliegt er seiner Parteikollegin Lydie Err.

Ein Jahr später, bei der Parlamentswahl 1999, erleben die Sozialdemokraten eine bittere Niederlage. Sein Genosse und langjähriger Freund Alex Bodry ist drauf und dran, Jean Asselborn als Parteichef abzulösen. »Ich wollte aber nie alles hinschmeißen«, sagt Jean Asselborn heute. Ein Parteitag im Januar 2000 bringt eine demokratische Entscheidung in geheimer Wahl. Der Freundschaft zu Alex Bodry tut dies keinen Abbruch, ganz im Gegenteil.

Asselborn kann Rückschläge einstecken. Vielleicht auch deswegen, weil er nach eigenen Angaben nie einen konkreten Karriereplan oder Masterplan für seine politische Laufbahn verfolgt hat. Was ihn antreibt, sind aktuelle Herausforderungen, der Glaube an die eigene Kraft und die Überzeugung: »Ich kann das schaffen, ich kann etwas bewegen.« – Und sei es nur das Auslösen einer Debatte durch eine verbale Provokation, was ihm auf europäischer Ebene auch jederzeit gelingt.

1999 setzt Jean Asselborn seine politische Karriere fort. Er wird in diesem Jahr Vizepräsident der Abgeordnetenkammer und bleibt es bis 2004. Während er die Stationen seiner Laufbahn stakkatoartig aufzählt, vergisst er ganz, dass er von 2000 bis 2004 Mitglied des Europäischen Ausschusses der Regionen (AdR) war. Heute ist der AdR ein wichtiges Gremium der regionalen Zusammenarbeit in Brüssel. Der Ausschuss mit 350 Mitgliedern aus allen Teilen der EU ist eine beratende Einrichtung der EU, die die regionalen und lokalen Gebietskörperschaften Europas vertritt und Städten und Regionen ein Mitspracherecht bei der Gesetzgebung in Europa verschafft.

Jean Asselborn bekleidet von 2000 bis 2004 auch das Amt des Vizepräsidenten der Sozialdemokratischen Partei Europas (SPE), ein Zusammenschluss aller nationalen sozialdemokratischen Parteien. Hier knüpft er wichtige Kontakte mit Partei- und Regierungschefs sowie Ministern seiner Parteienfamilie aus den unterschiedlichen Mitgliedsländern der EU. Zu dieser Zeit haben Sozialdemokraten in der Europäischen Union noch eine starke Stimme, in mehr als der Hälfte der EU-Staaten sind sie an der Macht und stellen den Regierungschef.

In dieser Funktion lernt Jean Asselborn eine Reihe führender sozialdemokratischer Politiker kennen, unter anderem Rudolf

Jean Asselborn immer an vorderster Front: 2003 bei der Demonstration gegen den Irakkrieg als Präsident der Sozialdemokratischen Partei

Scharping, François Hollande, Willy Claes, António Guterres und vor allem seinen Freund Heinz Fischer.

Ein dichtes Netzwerk in Europa und die Bekanntschaft mit einflussreichen Playern braucht Jean Asselborn ab dem Jahr 2004, dem Zeitpunkt, als er Minister für auswärtige Angelegenheiten und Einwanderung – wie sein Titel offiziell lautet – sowie Vizepremier im Großherzogtum Luxemburg wird.

4. ALLER ANFANG IST SCHWER
Übernahme des Außenministeriums 2004

Alles beginnt mit den Parlamentswahlen am 13. Juni 2004. Die Christdemokraten des amtierenden Ministerpräsidenten Jean-Claude Juncker sind erneut stärkste Partei geworden mit 36,1 Prozent der abgegebenen Stimmen, und Wahlsieger Juncker geht eine Koalition mit den Sozialdemokraten ein, die mit 23,4 Prozent auf den zweiten Platz verwiesen wurden. Jean Asselborn, der Spitzenkandidat der Sozialistischen Partei (LSAP), kommt in das Kabinett Juncker, wird Vizepremier und gleichzeitig mit der Aufgabe des Chefdiplomaten betraut. Am 31. Juli 2004 findet die Angelobung der Koalitionsregierung aus Christdemokraten und Sozialdemokraten statt.

Was im Sommer 2004 seinen Lauf nimmt, nämlich Jean Asselborns Amtsperiode auf nationaler und auf europäischer Ebene, dauert ohne Unterbrechung bis heute an. Ohne Zweifel, der Einzug in die Regierung ist der Höhepunkt der bisherigen politischen Tätigkeit Jean Asselborns. Als Außenminister ist er in Personalunion auch für Europa-, Außenhandels-, Migrations- und Asylfragen zuständig.

Von protokollarischen Pflichten, Verhandlungsführung auf höchster Ebene, weltpolitischen Verstrickungen und Krisen, diplomatischen Finessen und gepflegtem Smalltalk weiß Jean Asselborn bei der Übernahme seiner neuen Aufgaben nicht sehr viel. Schnell kommen Befürchtungen im Ministerium auf: Mit einem unerfahrenen Außenminister besteht doch die Gefahr, schnell in ein Fettnäpfchen zu treten, eine unvorsichtige Äußerung reicht schon, um eine bilaterale Verstimmung oder gar einen internationalen Konflikt zu provozieren. Dass sein hemdsärmeliger Stil, seine Offenheit, seine Sprache, sein unkomplizierter Umgang mit den Medien und die direkte Art nicht allen in der Hochbürokratie passten, ist kein Geheimnis. Nicht umsonst wird ihm mit Nicolas Schmit ein Aufpasser der alten diplomatischen Schule als beigeordneter Minister zur

Seite gestellt.[9] Jean Asselborn, dem ehemaligen Lokalpolitiker von Steinfort, weht im neuen Amt in der Hauptstadt ein kalter Wind entgegen. Ein Karrierediplomat erinnert sich, dass viele gesagt haben, »Asselborn kennt sich in der hohen Kunst der Diplomatie und der Außenpolitik nicht aus«. Noch dazu wird das Gerücht verbreitet, er spreche kaum Englisch, was sich schnell als falsch erweist, wie das ehemalige Botschafter bestätigen.

Am Anfang seiner Karriere sind viele Beamte im Ministerium überzeugt, Asselborn sei den Anforderungen des Amtes nicht gewachsen. Zwei Jahrzehnte lang hat er zwar erfolgreich die Geschicke seiner Heimatgemeinde geleitet – aber jetzt soll er der wichtigste und höchste Botschafter des Landes sein?

Jean Asselborn ist sich seiner vielfältigen Herausforderungen bewusst. Und es gehört auch zu seinen Fähigkeiten, sie anzupacken, einfach er selbst zu sein und dies auch geschickt zu inszenieren. Mit entwaffnender Offenheit gibt er zu, »keinen Menschen im Ministerium zu kennen«. Sein Wille, die internationalen Beziehungen des kleinen Großherzogtums nach seinem Geschmack zu gestalten, wird durch die vielen Bedenken nur noch mehr gestärkt. Er selbst schärft sein Anforderungsprofil. Jean Asselborn fühlt sich durch die neuen Aufgaben erst richtig motiviert. Dazu kommt die nötige Portion Ehrgeiz, es seinen Kritikern und Widersachern wieder einmal zu zeigen.

Der Außenminister holt sich Ratschläge von zwei erfahrenen, hochrangigen Beamtinnen: Martine Schommer, politische Direktorin des Außenamtes, und Sylvie Lucas, die spätere UNO-Botschafterin Luxemburgs, verpassen ihrem neuen Chef einen Crashkurs in Diplomatie. »Die beiden haben ihm in kurzer Zeit viel beigebracht«, heißt es heute im Außenministerium. Botschafter, die Jean Asselborn bei seinen ersten Auslandsreisen begleitet haben, sind der Meinung, dass »der Minister den Einstieg in die Diplomatie sehr gut gemacht hat«.[10]

Wie es sich für einen luxemburgischen Außenminister gehört und der Tradition des Landes entspricht, werden die ersten Antrittsbesuche bei den Partnern der Benelux-Gruppe absolviert. »Ich ging zuerst nach Belgien, in die Niederlande, dann zu Joschka Fischer nach Berlin und bald darauf nach Paris, um mich vorzustellen«, skizziert Jean Asselborn seine ersten Kontakte. Auf diese Gespräche bereitet er sich intensiv vor. Jeden Abend nimmt er dicke Ordner aus dem Ministerium mit nach Hause, um die Akten zu studieren und sich in UNO-Dokumente einzulesen. Das braucht er auch, denn im September 2004 reist er zur UN-Generalversammlung nach New York.

Asselborn merkt sehr schnell, dass die Menschen im Außenministerium anders ticken als seine bisherigen Mitarbeiter in der kommunalen Verwaltung. Er erfährt auch rasch, dass Diplomatie nicht nur aus Smalltalk, Essen, Partys und Reisen besteht, sondern »knallharte Arbeit« ist. »Ich musste mich unheimlich reinknien«, sagt er heute über seinen Start als Außenminister.

Außenpolitik lernen oder: Der Sprung ins kalte Wasser

Viel Zeit, um in die neue Aufgabe hineinzuwachsen, sich an das fremde Ambiente im Ministerium zu gewöhnen, hat Jean Asselborn jedoch nicht: In der ersten Jahreshälfte 2005 übernimmt Luxemburg die EU-Ratspräsidentschaft. Er muss den EU-Vorsitz, das sechs Monate dauernde diplomatische Großereignis, als neuer Ressortchef vorbereiten. Die Ausgangslage ist nicht einfach: Nach der Aufnahme von zehn neuen Mitgliedsländern im Mai 2004 (Rumänien und Bulgarien werden erst 2007 aufgenommen), die im europäischen Gefüge erst institutionell und politisch verkraftet werden muss, steuert die EU im Herbst des Jahres auf eine Krise zu.[11] Die EU-Innenminister ringen um Mehrheitsentscheidungen in der Asyl- und Einwanderungspolitik, um Festlegungen zu Abschiebungen und die Definition, was Drittstaaten und Herkunftsländer sind. Dazu kommt, dass eine Gruppe von Nettozahlern (Österreich, Deutschland, Frankreich, Großbritannien und die Niederlande) mit der Blockade des mehrjährigen EU-Haushaltes für die Jahre 2007 bis 2013 droht. Diese Gruppe will die EU-Ausgaben auf einem Niveau von einem Prozent des Bruttonationaleinkommens (BNE) aller EU-Staaten einfrieren. Geht es um Geld in der EU, wird die Veto-Keule immer wieder eingesetzt. Der neue Außenminister Luxemburgs bezieht in der heiklen Frage schnell eine klare Position: »Die Vorhaben Europas soll man nicht in diese Ein-Prozent-Marke einbetonieren«[12], setzt er sich für den Kommissionsvorschlag ein, der bei 1,14 Prozent des BNE liegt.

Im Herbst 2005 begibt sich Jean Asselborn gemeinsam mit Ministerpräsident Jean-Claude Juncker auf die erste große internationale Reise. Juncker hat den Außenminister überzeugt, ihn nach Hanoi zum Europa-Asien-Gipfeltreffen (ASEM) von 7. bis 9. Oktober 2004 zu begleiten. In der vietnamesischen Hauptstadt lernt der frischgebackene Chefdiplomat des Großherzogtums auf einen Schlag etliche asiatische Amtskollegen kennen. »Asselborn hat eine Reihe bilateraler Gespräche geführt, mit dem chinesischen Außenminister hat er sich sehr gut verstanden und über Jahre eine hervorragende Beziehung aufgebaut«, erzählt Botschafter Marc Ungeheuer, der Asselborn damals als junger Diplomat zur Seite stand.[13]

Zum Aufgabengebiet eines Außenministers gehören aber nicht nur hochrangige internationale Kontakte und die Teilnahme an Konferenzen. Auch Trauerfeiern gehören zum Pflichtprogramm. Am 11. November 2004 muss Jean Asselborn nach Kairo zur Verabschiedungszeremonie für den verstorbenen palästinensischen Präsidenten Jassir Arafat fliegen, an der knapp 50 Staatspräsidenten und Regierungsmitglieder aus aller Welt teilnehmen.

Wenige Monate nach Amtsantritt macht der Außenminister seine erste Erfahrung mit dem damaligen türkischen Ministerpräsidenten Recep Tayyip Erdoğan. Nach Ende des EU-Gipfels am 17. Dezember

2004 in Brüssel geht Jean Asselborn hart mit der Verhandlungsführung der Türkei ins Gericht. Der EU-Gipfel hat an diesem Tag die Aufnahme von Beitrittsverhandlungen am 3. Oktober 2005 mit der türkischen Regierung beschlossen. Dieser Beschluss ist eine historische Zäsur in der europäischen Integrationspolitik, weil Berichte des Europäischen Parlaments und der EU-Kommission der Türkei bescheinigten, den Aufnahmekriterien, wie etwa demokratische und rechtsstaatliche Standards, nicht zur Gänze zu entsprechen. Kurzum: Es ist eine politisch motivierte Entscheidung.

Dem umstrittenen Beschluss sind hartnäckige Diskussionen um eine Anerkennung Zyperns durch Ankara vorausgegangen.[14] Erdoğan hat praktisch in letzter Minute auf »provozierende und aggressive Art und Weise« Forderungen in der Zypern-Frage angemeldet.[15] Der türkische Ministerpräsident ist nicht willens, seine Unterschrift unter ein Protokoll über die Ausdehnung des Zollabkommens mit der EU auf die neuen Mitgliedstaaten zu setzen, was die EU sofort als indirekte diplomatische Anerkennung der Republik Zypern interpretiert hätte.

Viele EU-Regierungschefs und Außenminister – für Jean Asselborn ist es der erste Europäische Rat – bemerken daraufhin, dass die Türkei noch viel zu lernen habe. »Wir sind hier in Europa, nicht auf einem Teppichmarkt«, kommentiert Jean Asselborn das Treffen. Auch wenn Luxemburg einen EU-Beitritt der Türkei unterstütze, sei das Vorgehen Erdoğans »nicht hinnehmbar«[16], wie der Außenminister hinzufügt.

Der Keim für die bis heute komplizierten Beziehungen mit der Türkei – die Beitrittsverhandlungen sind seit Jahren ausgesetzt, aber formal nicht beendet – wird im Dezember 2004 beim EU-Gipfel in Brüssel gelegt.

Luxemburgs EU-Vorsitz im ersten Halbjahr 2005: Die erste Ratspräsidentschaft für Jean Asselborn

So turbulent, wie Jean Asselborns erster EU-Gipfel in Brüssel endet, so turbulent geht es für ihn noch vor der offiziellen Übernahme der EU-Präsidentschaft am 1. Januar weiter. Zu Jahresbeginn übernimmt Luxemburg turnusmäßig den EU-Vorsitz von den Niederlanden.

Der Außenminister reist nach Washington und kündigt unmittelbar nach seinem Besuch am 20. Dezember 2004 ein Treffen der 25 EU-Staats- und Regierungschefs mit US-Präsident George W. Bush an. Am 22. Februar 2005 soll dieser Gipfel in Brüssel stattfinden: »Ein wichtiger Beitrag für den Ausbau der transatlantischen Beziehungen«[17], betont Asselborn, ohne ins Detail zu gehen. Dass die Beziehungen zwischen den USA und der EU mehr als angespannt sind, zeigt sich im anhaltenden Atomstreit mit dem Iran – schon damals. US-Präsident George W. Bush nennt den Iran einen »Vorposten der Tyrannei« und schließt einen Militärschlag nicht aus. Europa hingegen setzt weiterhin geschlossen auf eine diplomatische Lösung des Atomstreits. »Die Europäer wollen erreichen, dass Teheran die Finger von Atombomben lässt. In der Region ist schon genug politisches Dynamit«, erklärt Jean Asselborn nach seiner Rückkehr aus Washington.[18]

Die Europäer, allen voran Großbritannien, Frankreich und Deutschland, wollen den Iran durch Verhandlungen zur Aufgabe seiner Atomtechnologie bewegen, die auch zum Bau von Atomwaffen genutzt werden kann. »Das ist die bessere Strategie«, sagt der damalige britische Außenminister Jack Straw und stellt fest: »Diejenigen, die sagen, wir könnten kein vertrauensvolles Abkommen mit den Iranern aushandeln und gleichzeitig eine große Übereinstimmung mit den USA und den blockfreien Staaten haben, liegen falsch.«[19] Konsens unter Sicherheitsexperten ist Ende 2004, dass der Iran in drei Jahren (also 2007/08) die Schwelle zur Produktion von Nuklearwaffen überschreiten könnte.

Die hohe EU-Diplomatie geht damals davon aus, dass eine militärische Operation der USA gegen den Iran nicht möglich sei – vor allem vor dem Hintergrund des Irakkrieges (20. März 2003 bis 1. Mai 2003) und dessen Folgen.[20] Der Außenminister und amtierende EU-Ratspräsident Jean Asselborn sagt, er könne sich »nicht vorstellen«, dass ein Militärschlag »eine ernsthafte Position der USA ist«.[21]

Programm der luxemburgischen EU-Präsidentschaft

Nach der Rückkehr Jean Asselborns aus den USA geht es Schlag auf Schlag: Der Außenminister stellt noch vor Weihnachten die zentralen Themen der EU-Präsidentschaft vor. Er weist auch auf die Referenden zur EU-Verfassung hin, die 2005 durchgeführt werden und deren Ausgang ein Hindernis für die Weiterentwicklung der EU sein könnten. Auf der Agenda der Luxemburger steht auch die Erweiterung. Es geht um die Bedingungen, die Kroatien für seinen EU-Beitritt noch zu erfüllen hat. Das ehemalige jugoslawische Land müsse »zu 100 Prozent« mit dem internationalen Strafgerichtshof, dem Kriegsverbrechertribunal in Den Haag, kooperieren, um mutmaßliche Kriegsverbrechen im Jugoslawien-Krieg Anfang der 1990er-Jahre aufzuklären. Es obliegt dem Luxemburger Ratsvorsitz zu entscheiden, ob diese Kooperation gegeben ist oder nicht. Er werde auch die Meinung in dieser Frage bei Chefanklägerin Carla Del Ponte einholen, kündigt Asselborn an. Die Aufnahme von Beitrittsverhandlungen mit Kroatien sei »kein automatischer Prozess«. Erfülle Kroatien aber die Voraussetzungen, den gesuchten General Ante Gotovina, dem schwere Kriegsverbrechen zur Last gelegt werden, zu verhaften, könnte Luxemburg beim EU-Außenministertreffen am 17. März 2005 den Start von Beitrittsverhandlungen vorschlagen.

Europapolitisch bedeutend sind für Luxemburg in dieser Zeit auch die Unterzeichnung der Beitrittsverträge mit Bulgarien und Rumänien am 25. April 2005.

Als eines der »wichtigsten wirtschaftspolitischen Ziele« der Präsidentschaft nennt der Außenminister die Reform des Stabilitätspaktes. Es gehe nicht darum, die Regeln außer Kraft zu setzen, sondern die Regeln »intelligent und flexibel« anzuwenden, erklärt Asselborn. Angesichts der Verschuldungskrise zahlreicher Staaten der Eurozone hat die EU-Kommission den Reformgedanken vorangetrieben. So haben die Defizitsünder Deutschland und Frankreich 2004 zum dritten Mal in Folge die Höchstgrenze von drei Prozent beim Haushaltsdefizit überschritten. Beim Frühjahrsgipfel der EU im März, bei dem es üblicherweise um wirtschaftliche Fragen geht, will Luxemburgs Ministerpräsident Jean-Claude Juncker als Vorsitzender der Eurogruppe Vorschläge für die Reform des Stabilitätspaktes präsentieren.

Ein harter Brocken für Luxemburg sind auch die Verhandlungen über den milliardenschweren Finanzrahmen der EU für die Jahre 2007 bis 2013.

Zur Routine eines Außenministers gehört aber auch, am Beginn der EU-Ratspräsidentschaft die Amtskollegen in den diversen Hauptstädten zu besuchen, im Brüsseler Jargon »Tour des capitales« genannt.

Als Vorbereitung auf den elften EU-Vorsitz Luxemburgs besucht Jean Asselborn am 22. Dezember 2004 bereits die damalige Außenministerin Ursula Plassnik in Wien. Bei dem Arbeitsgespräch geht es um das Programm der Präsidentschaft, die jüngsten Entwicklungen im EU-Erweiterungsprozess und den Streit mit der Türkei. Plassnik ist als vehemente Gegnerin des EU-Beitritts der Türkei bekannt, sie hat anstelle der Mitgliedschaft eine »privilegierte Partnerschaft« vorgeschlagen und hat verlangt, als neues Beitrittskriterium auch die »Aufnahmefähigkeit der EU« zu berücksichtigen. Wien, wo eine schwarz-blaue Koalition der Volkspartei mit der Freiheitlichen Partei unter Bundeskanzler Wolfgang Schüssel (ÖVP) regiert, ist kein leichtes Terrain für den luxemburgischen Sozialdemokraten. Schüssel hat sich für eine EU-weite Volksabstimmung zum EU-Beitritt der Türkei ausgesprochen. Bei einer gemeinsamen Pressekonferenz mit Außenministerin Ursula Plassnik (ÖVP) erteilt Jean Asselborn dieser Idee aber eine Absage: »Jedes Land soll selbst entscheiden, ob eine Volksabstimmung stattfindet oder nicht.«[22] Dezidiert lehnt der Außenminister auch den Vorschlag von Schüssel ab, eine Abstimmung zur EU-Verfassung in allen Mitgliedsländern durchzuführen. Asselborn erklärt, dass der EU-Beitrittsprozess mit der Türkei angesichts der Größe des Landes eine »kolossale Herausforderung« werde. Er sei aber auch überzeugt, dass durch die schrittweise Annäherung an die EU die Einhaltung der Menschenrechte in der Türkei verbessert werden könne.[23]

Eine Übereinstimmung zwischen Asselborn und Plassnik gibt es bei der Annäherung der Westbalkan-Staaten an die EU. »Wir dürfen die Länder des westlichen Balkans nicht alleine lassen«, betont Asselborn und fügt hinzu, dass EU, NATO und UNO in der Region eng zusammenarbeiten müssten, denn sonst könnten neue Konflikte entstehen. Österreich und Luxemburg unterstützen seit jeher die europäische Integration der Staaten des ehemaligen Jugoslawiens mit dem Ziel, Stabilität in der Region zu gewährleisten und nationale Konflikte zu vermeiden.

Als Problemzone definiert Außenminister Asselborn die Staaten zwischen der EU und Russland. »Alle diese Länder haben große Schwierigkeiten.« Es dürfe nicht sein, dass nach dem Fall des Eisernen Vorhangs eine neue Mauer in Europa entstehe. Er hoffe auf demokratische Wahlen in der Ukraine. Insgesamt sei die gesamte Region im Osten von Bedeutung für den Weltfrieden. Zugleich dürfe Russland aber nicht in die Ecke gedrängt werden, lautet Jean Asselborns Credo – bis heute. Der Umgang mit Russland und den

Staaten, die ehemals zur Sowjetunion gehörten, sei ein Balance-Akt, bei dem es auch um eine Kooperation zwischen den USA, der EU und Russland gehe. »Washington, Brüssel und Moskau müssen auch in diesem Bereich zusammenarbeiten«, betont Jean Asselborn bei seinem Besuch in Wien.[24]

Im Anschluss an das Arbeitsgespräch und die Pressekonferenz mit seiner Amtskollegin Ursula Plassnik wird Jean Asselborn von Bundespräsident Heinz Fischer in der Hofburg empfangen – es ist ein Termin unter Freunden. Asselborn und Fischer kennen sich seit Jahren.

So harmonisch der Besuch Asselborns beim Bundespräsidenten verläuft, so entspannt geht es in der EU-Präsidentschaft Luxemburgs aber nicht weiter. »Es trübt sich ein«, skizzieren Diplomaten des Großherzogtums schon kurz nach Übernahme des EU-Vorsitzes kryptisch die Lage in Europa.

Die erste Dienstreise gleich nach dem Auftakt der Präsidentschaft führt den neuen Vorsitzenden des Außenministerrates der Europäischen Union am 19. und 20. Januar 2005 nach Israel, Palästina und Jordanien. Israels damaliger Premier Ariel Sharon hatte die Europäer zuvor aufgefordert, sich im Nahost-Friedensprozess auf die Rolle des Geldgebers zu beschränken. Diesem Ansinnen tritt Jean Asselborn bei seinem Besuch entschieden entgegen und stellt klar, dass der EU sehr wohl eine Rolle im Friedensprozess zukomme. Das verkündet der Außenminister auch in Jerusalem.[25] Er weist darauf hin, dass die EU der mit Abstand wichtigste Geldgeber in der palästinensischen Selbstverwaltung in den von Israel besetzten Gebieten ist und den Dialog zwischen allen Partnern in der Region unterstützt.

Wenige Tage nach der Rückkehr aus Israel wird Außenminister Asselborn kurz aus seinem Arbeitsmodus gerissen: Am 13. Februar 2005, einem Sonntag, hat er einen Unfall bei einem Privatausflug mit seinem Wagen und bricht sich dabei den rechten Arm. Nur kurz ist er außer Gefecht, nach zwei Arbeitstagen kehrt er wieder in sein Büro zurück.

Weiter sehr enttäuschend entwickeln sich die Beziehungen zwischen der EU und der Türkei, mit der Beitrittsverhandlungen geführt werden sollen. Unter äußerst ungünstigen Vorzeichen steht ein Besuch von EU-Erweiterungskommissar Olli Rehn und der EU-Troika Anfang März in Ankara. Zur Troika gehört als amtierender Ratsvorsitzender auch Außenminister Jean Asselborn. Zwei Tage bevor die hochrangige EU-Delegation in der Türkei eintrifft, gehen türkische Polizisten äußerst gewaltsam gegen eine Demonstration zum Internationalen Frauentag in Istanbul vor. Frauen und Jugendliche werden niedergeknüppelt, Beamte setzen Tränengas und Schlagstöcke ein. Dutzende Demonstranten werden festgenommen. Die EU-Granden rügen offiziell den »unverhältnismäßigen« Gewalteinsatz der Polizei. Vor laufender Kamera fordern die EU-Vertreter den türkischen Außenminister Abdullah Gül auf, dafür zu sorgen, dass die Versammlungsfreiheit eingehalten wird. Asselborn bezeichnet das Vorgehen der Sicherheitskräfte in der Stadt am Bosporus als »reine Brutalität der Staatsgewalt«.[26] Er warnt die türkische Regierung vor einer »Reformmüdigkeit« mit Verweis auf die im Herbst 2005 beginnenden Beitrittsverhandlungen: »Dann fangen wir vielleicht am 3. Oktober zu verhandeln an, aber dann kommen wir nicht weiter.«[27]

Gleichzeitig stellen die EU-Politiker fest, dass der Demokratisierungsprozess in der Türkei keine Fortschritte macht. Sie nennen auch die neuralgischen Punkte: Die Türkei müsse Folter entschlossener bekämpfen, die Rechte der Kurden sichern, für eine Gleichbehandlung der Frauen sorgen, die Situation der christlichen Minderheiten verbessern und die Meinungsfreiheit gewährleisten. Als Beispiel, dass die Meinungsfreiheit nicht garantiert ist, nennen die EU-Emissäre die eben eingeleiteten Ermittlungen eines Staatsanwaltes gegen den bekannten türkischen Schriftsteller Orhan Pamuk, weil dieser erklärt hatte, dass im Ersten Weltkrieg im Osten der Türkei eine Million Armenier ermordet wurden, ein historisches Faktum, das von der Geschichtsschreibung anerkannt ist.

Probleme gibt es aber nicht nur zwischen der EU und der Türkei, auch die Integration der Balkanländer stockt. Beim Treffen der EU-Außenminister unter dem Vorsitz Luxemburgs am 16. März 2005 gibt es keine Einigung über die Aufnahme von Beitrittsverhandlungen mit Kroatien. Der Start der Beitrittsgespräche ist für den 17. März vorgesehen. Doch weil Zagreb im Falle des flüchtigen Generals Ante Gotovina nicht mit dem UNO-Kriegsverbrechertribunal in Den Haag kooperiert, wird der Beginn der Beitrittsgespräche auf unbestimmte Zeit verschoben. Für die Aufnahme von Verhandlungen braucht es den einstimmigen Beschluss der EU-Außenminister. Eine eigene EU-Arbeitsgruppe zu Kroatien wird eingesetzt, die einen Ausweg aus der Blockade finden soll: »Wir werden versuchen, einen Dialog zu führen«, sagt Außenminister Asselborn. Zuversichtlich klingt das nicht.

Türkei, Kroatien, der Streit über das mehrjährige EU-Budget und die spürbar ablehnende Stimmung in Frankreich und den Niederlanden gegen den EU-Verfassungsvertrag setzen der luxemburgischen EU-Präsidentschaft zu. Dazu kommt die Diskussion über eine mögliche Aufhebung des EU-Waffenembargos gegenüber China.

Am 29. Mai 2005 sind die französischen Wähler aufgerufen, bei einem Referendum über den neuen EU-Verfassungsvertrag abzustimmen, der die EU nach innen und außen stärken soll. Kommentatoren, EU-Experten und Politiker sind besorgt, dass ein Nein der Franzosen, wie es Umfragen voraussagen, ein »politisches Desaster« zur Folge haben könnte. Der slowenische Außenminister Dimitrij Rupel sieht bei einem Treffen der EU-Außenminister Mitte April die EU-Erweiterung am Balkan gefährdet.[28]

Diese Gefahr tangiert Rumänien und Bulgarien nicht. Sie immerhin haben es geschafft, ihre Beitrittsverhandlungen zu beenden. Am 25. April 2005 werden die Beitrittsverträge mit den beiden osteuropäischen Ländern feierlich unterzeichnet.

Schwierig war es für die luxemburgische Ratspräsidentschaft schon bisher, aber die plötzliche Ankündigung von Neuwahlen in Deutschland – sie finden am 18. September 2005 statt – erschüttert die gesamte EU. Das größte Mitgliedsland ist ab nun im Wahlkampf, dringende EU-Entscheidungen werden aufgeschoben. Die Lösung der Finanzprobleme der Europäischen Union rückt durch das nationale Politik-Beben in Deutschland – Deutschland ist der größte Nettozahler in der EU – in weite Ferne. »Die Wahl in Deutschland macht die Dinge nicht einfacher«, resümiert Jean Asselborn die Lage, nachdem er eine Debatte über den Finanzplan ergebnislos geleitet hat.[29] Begehrlichkeiten verschiedener Staaten verstärken den Druck. Das Vereinigte Königreich will seinen seit 20 Jahren bestehenden Beitragsrabatt nicht aufgeben. Auch andere Nettozahler, wie Österreich, wollen auf ihren Rabatt, der ihnen wegen des Briten-Rabattes gewährt wurde, nicht verzichten. Einen letzten Versuch, den mehrjährigen Finanzplan unter luxemburgischem EU-Vorsitz zu beschließen, unternimmt Ministerpräsident Jean-Claude Juncker beim EU-Gipfel am 16. und 17. Juni 2005 in Brüssel. Wie sich herausstellt, sind seine Bemühungen vergeblich. Briten-Premier Tony Blair blockiert die Einigung mit seinem Veto. Juncker ist enttäuscht und spricht von einer »tiefen Krise«. »Meine Europabegeisterung hat heute einen tiefen Knacks erlebt.«[30] Der Regierungschef von Luxemburg setzt noch nach und erklärt resigniert: »Europa ist nicht nur in einer Krise. Es ist in einer tiefen Krise.«[31]

Für die luxemburgische Ratspräsidentschaft ist das Scheitern des Gipfels besonders tragisch, weil Juncker und Asselborn sowie andere Regierungsmitglieder unermüdlich und engagiert daran gearbeitet haben, ein faires Ergebnis zu erzielen. So sieht es zumindest das Drehbuch der Akteure des Großherzogtums für den zweitägigen Gipfel in Brüssel vor. Das Scheitern der Budgetverhandlungen ist auch deswegen bitter, weil die bewährte Methode der Luxemburger, einen Konsens zu erzielen, diesmal versagt. Der Finanzrahmen wird schließlich unter britischer EU-Präsidentschaft nach langem Ringen beim EU-Gipfel am 17. Dezember 2005 doch noch beschlossen.

Tiefe Risse in der EU

Auch das »Non« der Franzosen zum Verfassungsvertrag am 29. Mai und das »Nee« der Niederländer drei Tage später, am 2. Juni, haben schwerwiegende Konsequenzen. Die Spitzen der EU sind dermaßen ratlos, dass sie sich eine »Nachdenkpause« verordnen.[32] So eine selbst verordnete »Nachdenkpause« hat es in der Geschichte der EU noch nie gegeben. Unter Österreichs EU-Vorsitz im ersten Halbjahr 2006 wollen die Staats- und Regierungschefs die Gespräche über die Vertragsreform wieder aufnehmen und Bilanz über die Reflexionsphase ziehen. Ob der Verfassungsvertrag ad acta gelegt oder in anderer Form wiederbelebt wird, ist vorerst ungeklärt. Der Ratifikationsprozess in den einzelnen nationalen Parlamenten geht aber weiter. Bis Ende 2005 nehmen 13 EU-Staaten den Verfassungsvertrag an.

Eines zeichnet sich Mitte des Jahres 2005 ab: Die EU ist nach der Einführung des Euro, dem Abbau der Grenzkontrollen durch das Schengen-System und der historischen Erweiterung um zwölf neue Mitglieder an einem kritischen Punkt angekommen. Mit ihrer erreichten Größe und Mitgliederzahl mag sie auf Grundlage des geltenden Nizza-Vertrages weiter funktionieren, aber für große neue Vorhaben fehlen innovative Kräfte und rechtliche Voraussetzungen. Das langsame Sterben der EU-Verfassung, das mühsame Ringen um das EU-Budget, die Misstöne über die Erweiterung und der zunehmende Vertrauensverlust der Bürger in das europäische Projekt machen Bruchlinien zwischen den EU-Staaten sichtbar, die nicht so schnell gekittet werden können. Die Frage »Welches Europa wollen wir?« beschäftigt EU-Lenker und -Bürger gleichermaßen.

Außenminister Jean Asselborn hat alle Hände voll zu tun, zu beruhigen und den EU-Zustand nicht weiter zu dramatisieren. »Die Bereitschaft ist weiterhin vorhanden, europäisch, das heißt: gemeinschaftlich zu handeln. Und es ist der große Wille da, in den nächsten Jahren wieder einen Vertrag zustande zu bringen.«

Die Entwicklungen am alten Kontinent, die gescheiterten Volksabstimmungen über die EU-Verfassung, werden auch in den USA genau beobachtet. Die amerikanische Außenministerin Condoleezza Rice ruft die Europäer dazu auf, sich »nicht auf sich selbst zurückzuziehen«.[33] Die EU erlebe eine »schwierige Zeit«, und man rechne damit, dass nun eine »Periode der Reflexion« komme. »Aber wir hoffen auf ein Europa, das nach außen und nicht nach innen blickt«, sagt Rice bei einer Pressekonferenz Anfang Juni 2005 mit führenden europäischen Politikern. »Wir wünschen uns ein starkes und geeintes Europa, das in der Lage ist, gemeinsam mit Amerika als globaler Partner zu agieren.« Die Außenministerin bekräftigt das amerikanische Interesse an einer EU-Mitgliedschaft der Türkei. Es sei »extrem wichtig« für die Vollendung der europäischen Integration und Europas Einigkeit, dass allen Demokratien in Europa eine europäische Perspektive geboten werde. »Und das schließt die Türkei natürlich mit ein«, sagt die amerikanische Chefdiplomatin nach einem Gespräch mit EU-Außenbeauftragtem Javier Solana, EU-Außenkommissarin Benita Ferrero-Waldner und dem luxemburgischen Außenminister und Vorsitzenden des EU-Außenministerrates Jean Asselborn in Washington. Die drei EU-Spitzenvertreter bereiten in der amerikanischen Hauptstadt das europäisch-amerikanische Treffen der Staats- und Regierungschefs am 20. Juni 2005 in Washington vor sowie die für 22. Juni geplante Irak-Konferenz in Brüssel.

Auch wenn der EU-USA-Gipfel mit Präsident George W. Bush als außenpolitischer Höhepunkt der luxemburgischen Präsidentschaft ohne Probleme und Friktionen über die Bühne geht, bleibt die Bilanz der elften EU-Ratspräsidentschaft Luxemburgs hinter den eigenen Erwartungen zurück. Außenminister Jean Asselborn hätte sich ein anderes Ergebnis gewünscht, einen Aufbruch und keine Lähmung der EU. Schonungslos zählt er in seinem jährlichen außenpolitischen Bericht auf, was schiefgelaufen ist. Zum Beispiel die Ablehnung des Verfassungsvertrages. Darin sieht der Außenminister »eine tiefe Vertrauenskrise in Europa«, die er nur durch eigene Taten zu überwinden glaubt. »Es liegt nun an uns, Antworten zu geben.«[34]

Internationale Irak-Konferenz in Brüssel

Positiv für sich verbuchen kann Außenminister Jean Asselborn am Ende der luxemburgischen Ratspräsidentschaft die Organisation und die Durchführung einer internationalen Irak-Konferenz in Brüssel. Bei der Konferenz, an der 85 Staaten und internationale Organisationen teilnehmen, führen die EU und die USA, konkret Außenminister Asselborn und seine amerikanische Amtskollegin Condoleezza Rice, gemeinsam den Vorsitz. Zur Vorbereitung dieses Treffens reist eine hochrangige EU-Delegation, die von Asselborn angeführt wird, zu einem historischen Besuch nach Bagdad. Erstmals seit dem Sturz von Saddam Hussein im April 2003 kommen EU-Spitzenpolitiker (neben Asselborn EU-Außenbeauftragter Javier Solana, Außenkommissarin Benita Ferrero-Waldner und der britische Außenminister Jack Straw) in den Irak. Die internationale Irak-Konferenz sei ein »sehr wichtiges Treffen, bei dem wir nicht über den Irak reden, sondern mit dem Irak«, betont der amtierende EU-Ratsvorsitzende Jean Asselborn vor Beginn des Treffens.

Die Konferenz in Brüssel soll der Regierung des irakischen Präsidenten Dschalal Talabani die Gelegenheit bieten, ihre Vorstellung vom künftigen Irak darzulegen und vor allem die Beziehungen zu den Nachbarstaaten Syrien und Iran zu verbessern.

Außenminister Jean Asselborn und seine amerikanische Amtskollegin Condoleezza Rice führen 2005 den Vorsitz bei einer internationalen Irak-Konferenz in Brüssel

Condoleezza Rice und Jean Asselborn fordern den Irak in ihren Schlusserklärungen auf, beim politischen Wiederaufbau des Landes alle politischen Kräfte zu berücksichtigen. »Nur ein alle Gruppen einschließender Prozess erlaubt das Entstehen einer souveränen Regierung, die alle Teile der irakischen Gesellschaft repräsentiert.«[35] Das ist eine Vorlage für eine neue irakische Verfassung, die transparent und unter Teilhabe aller Gruppen – auch der Kurden im Nordirak – erarbeitet werden soll. Jean Asselborn betont auch, »den Stabilisierungsprozess des Iraks mit internationaler Hilfe voranzubringen«. Eine Geberkonferenz wird für Juli 2005 in Amman (Jordanien) vereinbart. EU-Ratspräsident Asselborn fordert die Staaten der Region auf, »zusammenzuarbeiten, um die grenzüberschreitende Unterstützung für Terroristen zu unterbinden, gutnachbarliche Beziehungen zu stärken und die regionale Sicherheitslage zu verbessern«.

Die Konferenz wird international als »Wendepunkt für den Irak« gewertet, wie es UN-Generalsekretär Kofi Annan in einer Aussendung ausdrückt. Die Zusammenkunft globaler Akteure in Brüssel wird jedenfalls als Schlussstrich unter die Meinungsverschiedenheiten zwischen den USA und europäischen Ländern in der Frage des Irakkrieges gesehen. »Der Krieg hat Europa geteilt. Aber jetzt sind wir vereint, um dem Irak zu helfen«, sagte Asselborn damals.

Luxemburger stimmen für den EU-Verfassungsvertrag

Aufatmen gibt es in der luxemburgischen Regierung nach dem positiven Ausgang des Referendums über den Verfassungsvertrag. Am 10. Juli 2005 stimmen 56,52 Prozent der Wähler des Großherzogtums für das Gesetzeswerk. Nach dem Nein in Frankreich und in den Niederlanden wird die Entscheidung der Luxemburger als Signal gewertet, dass den Bürgern Europa doch nicht gleichgültig ist. Luxemburg als Gründungsland der EU ist das Ergebnis jedenfalls mehr als willkommen. Ministerpräsident Jean-Claude Juncker macht seinen Verbleib an der Spitze der Regierung vom Ausgang der Abstimmung abhängig. Er kündigt vor dem Urnengang an, dass er von seinem Amt zurücktreten wird, sollten die Wähler den Vertrag ablehnen. Rechtlich gesehen wäre ein Referendum gar nicht nötig gewesen, das Parlament könnte den Verfassungsvertrag ratifizieren. Aber Luxemburg will aus politischen Überlegungen seiner Bevölkerung Vorrang einräumen und die Bürger über das Vertragswerk abstimmen lassen.

Nach der luxemburgischen EU-Präsidentschaft im ersten Halbjahr 2005 gibt es 15 Jahre später so etwas wie ein Déjà-vu. 2020 sind viele Probleme nach wie vor auf der Agenda: Wieder wird um das mehrjährige Budget der EU gerungen, die Erweiterung um die Staaten am Westbalkan ist ungeklärt, die Türkei driftet in ein autokratisches System ab, das Atomabkommen mit dem Iran hängt nach dem Ausstieg der USA an einem seidenen Faden und um die transatlantischen Beziehungen steht es nicht zum Besten. Und wie die Zukunft der Europäischen Union aussieht, weiß auch niemand so genau. Selbst der Klimawandel wird in den 2000er-Jahren schon diskutiert.

Aktuell stellt sich die Frage eines neuen EU-Vertrages durch die sich verändernden internationalen Herausforderungen und aufstrebende globale Player wie China immer dringender. Es gibt die Notwendigkeit, Beziehungen zu überdenken und anzupassen – etwa zu Russland, aber auch zu den USA. Den Brexit, den Austritt des Vereinigten Königreiches aus der EU, gilt es zu verkraften. Auch die innere Verfasstheit der EU spiegelt sich nicht mehr in den bestehenden Verträgen wider. Wie ist der Umgang mit Ländern, die notorisch EU-Recht verletzen, rechtsstaatliche Prinzipien mit Füßen treten und autoritäre bis autokratische Regierungsstrukturen haben? Reicht das bestehende Regelwerk? Und wie steht es mit der Einstellung der Bürger zur EU? Wie stark haben Nationalismus und Populismus das Denken der Menschen bereits verändert?

Fragen über Fragen, die Außenminister Jean Asselborn mit seinem grenzenlosen Glauben an die Kraft der europäischen Idee und Integration immer wieder von Neuem beantwortet. Geht es nach Asselborn, kann am europäischen Friedensprojekt nicht gerüttelt werden. Der Anspruch und die konstitutiven Elemente der EU, die Zusammenarbeit der Regierungen, das Prinzip des Kompromisses, aber auch die Motivation der Gründerväter, das »Nie wieder«, ist für den luxemburgischen Sozialdemokraten sakrosankt. Wenn es um das Substanzielle der EU geht, duldet Asselborn keinen Widerspruch – und er nimmt jeden Streit darüber auf.

Neuer EU-Vertrag von Lissabon

Der Außenminister beweist nach dem Scheitern des EU-Verfassungsvertrages 2005 Nervenstärke und Beharrlichkeit. »Der politische Wille besteht, dass wir spätestens bis 2009 einen europäischen

Grundvertrag haben«, fasst er die Beratungen der 25 Ressortchefs bei einem Sondertreffen im österreichischen Klosterneuburg im Mai 2006 zusammen. »Das Jahr 2009 ist eine Deadline. Keiner hat davon gesprochen, dass der europäische Grundvertrag tot ist«, erklärt Jean Asselborn die Suche nach einem neuen EU-Vertrag.[36] Er räumt aber ein, dass mit dem Wort Verfassung »vorsichtig« umzugehen sei. Wie der neue Vertrag aussehen soll, darüber gibt es nach wie vor keine Klarheit, im Juni 2007 soll unter deutschem EU-Vorsitz und nach den Präsidentschaftswahlen in Frankreich darüber entschieden werden. An der »politischen Substanz« der EU-Verfassung wolle Deutschland allerdings festhalten, erklärte Außenminister Frank-Walter Steinmeier nach dem Treffen in Klosterneuburg bei Wien.

Wie auch immer der neue EU-Vertrag heißen wird, die Diskussionen über die Zukunft der EU, die Erweiterung und die Außen- und Sicherheitspolitik bestimmen weiterhin jede Ratssitzung. Gegen den Iran werden Anfang 2007 wegen seines Atomprogrammes Wirtschaftssanktionen beschlossen. Auch der Balkan rückt wieder in den Fokus der EU-Außenpolitiker. An Serbien, dessen Verhandlungen über ein Stabilisierungs- und Assoziierungsabkommen seit Monaten auf Eis liegen, schicken sie Signale, die Gespräche wieder aufzunehmen, sollte die neue Regierung in Belgrad »glaubwürdige und effektive Schritte« bei der Kooperation mit dem UNO-Kriegsverbrechertribunal unternehmen. »Wenn wir eine proeuropäische Regierung in Belgrad haben, und diese engagiert sich mit dem Kriegsverbrechertribunal, dann haben wir das erreicht, was wir wollen«, erklärt Außenminister Jean Asselborn.[37] Er und seine Amtskollegen appellierten an Serbien und an den Kosovo, den Vorschlag des UNO-Sondergesandten für den Kosovo Martti Ahtisaari zur völkerrechtlichen Zukunft des Kosovo zu unterstützen. Konkret heißt das nichts anderes als eine überwachte Unabhängigkeit der seit Kriegsende 1999 von der UNO verwalteten südserbischen Provinz.

Für Unruhe bei einigen EU-Außenministern sorgt der Plan der USA, ein Raketenabwehrsystem in Osteuropa zu installieren. Außenminister Asselborn verlangt eine eigenständige Position der Europäischen Union. »Wir dürfen nicht wieder zum Spielball zwischen Amerikanern und Russland werden«, warnt er.[38] »Wir haben kein Interesse daran, dass Europa sich darüber zerstreitet«, sagt er gegenüber dem Nachrichtenmagazin *Der Spiegel*. Er fordert die EU-Partner auf, das Thema nicht allein der NATO zu überlassen: »Das ist ein europäisches Problem.« In Polen und in Tschechien sollen Raketen und Radarsysteme installiert werden, um Angriffe aus dem Iran oder aus Nordkorea abzuwehren. Russland, dessen Präsident Wladimir Putin wegen des US-Vorhabens vor einem neuen Wettrüsten gewarnt hat, droht im Gegenzug mit der Stationierung von Mittelstreckenraketen nahe der Grenze zu Polen.

Doch zumindest in die Debatte über einen neuen EU-Vertrag kommt im Herbst 2007 endlich Bewegung. Bei dem Treffen der EU-Außenminister Mitte Oktober 2007 spricht Jean Asselborn von einem »Kompromiss«. »Die Sache ist durch«, sagt er wenige Tage vor dem EU-Gipfel der Staats- und Regierungschefs.[39] Diese nehmen den Reformvertrag bei ihrem Treffen am 18. und 19. Oktober in Lissabon an, daher auch der Name »EU-Vertrag von Lissabon«.

Kaum ist das Ringen um den EU-Vertrag vorläufig beendet, baut sich ein massiver Konflikt am Balkan auf. Es geht um den Status des Kosovo und das Assoziierungsabkommen mit Serbien. Die EU bereitet sich auf eine Unabhängigkeitserklärung des Kosovo vor, Jean Asselborn will ein einseitiges Vorgehen Prištinas auf jeden Fall vermeiden. »Kosovo darf nicht Europas Gaza werden«, warnt der Außenminister.[40] Nur eine Klärung der Statusfrage biete der abtrünnigen serbischen Provinz mit ihren zwei Millionen Einwohnern und mehr als 60 Prozent Arbeitslosigkeit eine Entwicklungschance. Asselborn verlangt eine Stabilisierungsmission für den Kosovo. Zugleich wirft der luxemburgische Außenminister den anderen EU-Regierungen eine »falsche

Politik« gegenüber Serbien vor. Einige EU-Staaten (Belgien und die Niederlande) lehnen die Unterzeichnung eines Stabilisierungs- und Assoziierungsabkommens am 28. Januar 2008 ab, weil Belgrad nicht ausreichend bereit ist, Kriegsverbrechen seiner Generäle aufzuklären. »Auch mit Kroatien hat die EU-Beitrittsgespräche begonnen, obwohl die Regierung in Zagreb wichtige Kriegsverbrecher nicht ausgeliefert hat«, argumentiert Jean Asselborn heute. Ein Abkommen mit Serbien sei essenziell, weil das Land in absehbarer Zeit auch die Ablösung des Kosovo verkraften muss, erklärte Asselborn damals. »Kosovo ist eine der größten Herausforderungen, der sich die EU zu stellen hat. Und sie ist keine einfache. Da waren Krieg, Vertreibung und Tote.«[41] Einen Monat nach diesen Aussagen von Jean Asselborn erklärt die kosovarische Regierung am 17. Februar 2008 die Unabhängigkeit. Fünf EU-Mitgliedsländer haben die Unabhängigkeit des Kosovo bis heute noch nicht anerkannt. Es sind dies: Griechenland, Rumänien, die Slowakei, Spanien und Zypern. Spanien etwa fürchtet selbst die Abspaltung Kataloniens vom Mutterland.

Rückschlag für EU-Vertrag: Irland sagt Nein

Einige Monate nach der Annahme des EU-Reformvertrages gibt es wieder Alarmstimmung: Die Mehrheit der irischen Wähler (53,4 Prozent) hat das Gesetzeswerk bei einem Referendum abgelehnt. Vier Tage nach dem Votum kommen die EU-Außenminister zu einer Krisensitzung in Luxemburg zusammen. Jean Asselborn will nicht aufgeben und plädiert für eine Erklärung, die den EU-Vertrag für Irland in einer zweiten Abstimmung annehmbar machen soll. Darin sollten die für Irland wichtigen Punkte präzisiert werden. »In der Erklärung soll klargestellt sein, dass sich die EU nicht um die Abtreibungsvorschriften in Irland kümmert, für Finanzfragen Konsens nötig ist und die EU die Neutralität Irlands garantiert«, erläutert Jean Asselborn.[42] Das sind die zentralen Inhalte der irischen Nein-Kampagne. Was der Außenminister vorschlägt, klingt zunächst nach einer Zauberformel, die sich schlussendlich aber durchsetzen wird. Immerhin haben bis zum Zeitpunkt des irischen Referendums schon 18 Staaten dem Lissabon-Vertrag zugestimmt. Für Außenminister Asselborn gibt es keinen anderen Ausweg als eine zweite Abstimmung in Irland – und das bis Juni 2009, denn dann finden Wahlen zum Europäischen Parlament statt. Bis dahin soll klar sein, auf welcher Rechtsbasis die Wahlen stattfinden. Zwischen den Verträgen von Nizza und Lissabon gibt es Unterschiede in der Anzahl der Mandate.

Entschieden lehnt Außenminister Asselborn auch die Forderung des Europäischen Parlaments ab, nach dem irischen Nein den Erweiterungsprozess der EU zu stoppen. Das sei ein »taktischer Schnellschuss des Parlaments. Wir müssen bedenken, wie solche Aussagen auf dem Balkan wahrgenommen werden – sie könnten verheerende Folgen haben. Die EU hat die Aufgabe, den Balkan zu stabilisieren«, sagt Asselborn.[43]

Ab Herbst 2008, nach der Pleite der US-Investmentbank Lehman Brothers, ist die gesamte EU auf Krisenmodus eingestellt. Es gilt die Folgen der globalen Finanz- und Wirtschaftskrise zu zügeln, milliardenschwere Hilfspakete für marode Banken und schwer verschuldete Länder zur Verfügung zu stellen.

Mit der Wahl von Barack Obama zum US-Präsidenten im November 2008 macht sich trotz großer Wirtschaftsprobleme und steigender Arbeitslosigkeit in der EU die Hoffnung unter den europäischen Politikern breit, gemeinsam mit Amerika, aber auch mit Russland, die großen Probleme der Welt, darunter jene im Nahen Osten, in Afghanistan und dem Iran, lösen zu können. »Besser, als das in den vergangenen acht Jahren der Fall war«, bemerkt Außenminister Jean Asselborn.[44]

2009 und 2013: Wahlen in Luxemburg, Jean Asselborn bleibt Außenminister

Im Jahr 2009 ist in der EU intensives Krisenmanagement nötig, um Schuldenländer und große Banken zu retten. EU-weit und auf nationaler Ebene führen Politiker Wahlkämpfe. Auf EU-Ebene werben Mandatare für den Einzug in das Europäische Parlament, in Luxemburg stehen am 7. Juni 2009 gleichzeitig auch Parlamentswahlen an. Bei dem Urnengang wird die schwarz-rote Koalition bestätigt. Außenminister Jean Asselborn behält sein Amt.

Zu einer Änderung kommt es nach den vorgezogenen Wahlen im Herbst 2013. Die Christlich Soziale Volkspartei (CSV) mit ihrem Spitzenkandidaten Jean-Claude Juncker gewinnt zwar erneut die Wahl, sein bisheriger Regierungspartner, die Sozialdemokraten, bildet jedoch mit den Liberalen und den Grünen eine Dreier-Koalition. Die Christdemokraten, die das Land seit 1945 mit einer Ausnahme von 1974 bis 1979 durchgehend regiert haben, gehen in die Opposition. Am 4. Dezember 2013 wird diese neue Koalition vereidigt. Nach fast 19 Jahren an der Spitze der luxemburgischen Regierung tritt Jean-Claude Juncker ab. Neuer Ministerpräsident wird der Chef der liberalen Partei, Xavier Bettel. Der Sozialdemokrat Etienne Schneider, bisher Wirtschaftsminister, rückt zum stellvertretenden Ministerpräsidenten auf. Asselborn behält sein Amt als Minister für auswärtige und europäische Angelegenheiten sowie für Immigration und Asyl in der neuen Koalitionsregierung aus Liberalen, Sozialdemokraten und Grünen.

Zurück zu den Problemen in der EU: Nach Zugeständnissen an die irischen Wähler vonseiten der EU findet am 2. Oktober 2009 eine zweite Abstimmung auf der grünen Insel statt. Irland ist das einzige Mitgliedsland, in dem das Volk über einen EU-Vertrag abstimmen muss. Für den zweiten Urnengang verlangt die Regierung in Dublin die Garantie der militärischen Neutralität, das Verbot

Audienz bei Papst Benedikt XVI. im Jahr 2006: Großherzog Henri von Luxemburg und Außenminister Jean Asselborn im Vatikan

von Schwangerschaftsabbrüchen in dem katholisch geprägten Land sowie die Zusicherung von Steuerhoheit (niedrige Steuersätze für internationale Konzerne).

Im zweiten Anlauf stimmen die Iren auf Basis der Zugeständnisse für den Vertrag von Lissabon. 67,1 Prozent sprechen sich dafür aus. Mit diesem Ergebnis kann der Reformvertrag von Lissabon am 1. Dezember 2009 in Kraft treten. Zu den wesentlichen Neuerungen zählen der Ausbau der Außen- und Sicherheitspolitik der EU, die Gründung des Europäischen Auswärtigen Dienstes, die Rechtsverbindlichkeit der EU-Grundrechte-Charta, das Amt des Ratspräsidenten und die Möglichkeit, dass ein Land aus der EU austreten kann. Mit dem neuen Vertrag – so das Ziel – soll die EU in der Außenpolitik mit einer Stimme sprechen und stärker auf der Weltbühne auftreten. Wirklich gelungen ist das bis heute nicht. In den Konfliktzonen des Nahen Ostens ist die EU nicht präsent und spielt keine Rolle – weder in Syrien noch in der Krise zwischen Israel und Palästina oder in Nordafrika.

Streit um Libyen

Die EU-Staaten sollten durch den Lissabon-Vertrag mehr Befugnisse in der Außen- und Sicherheitspolitik bekommen – doch das steht nur auf dem Papier. Am Beginn des Jahres 2011 eskaliert die Gewalt in Libyen. Der Weltsicherheitsrat und UNO-Generalsekretär Ban Ki-moon fordern den libyschen Machthaber Muammar al-Gaddafi zum sofortigen Stopp der Ausschreitungen gegen Demonstranten mit Waffen auf, gegen Menschen, die berechtigte Forderungen vorbrächten. Diesem Aufruf schließt sich auch die EU-Kommission in Brüssel an. Hunderte Menschen sind in Libyen bereits ums Leben gekommen. Außenminister Jean Asselborn spricht von »Völkermord«: »Was in Libyen geschieht, ist meines Erachtens Völkermord in höchster Potenz.«[45] Gaddafi sei ein »verstörter, kranker und sehr gefährlicher Mann«. Asselborn fordert ein internationales Eingreifen auf Basis eines UNO-Mandates, »um die Menschen in Libyen vor Massakern zu schützen«. Der Außenminister verlangt auch, Flüge nach Libyen zu kontrollieren, damit nicht noch mehr Söldner in das Bürgerkriegsgebiet gelangen.

Die EU jedoch ist uneins, wie sie die Flammen in Libyen löschen kann. Bei einem Libyen-Sondergipfel am 11. März 2011 in Brüssel zeigen sich Frankreich und Großbritannien zum Eingreifen bereit. Die deutsche Bundeskanzlerin Angela Merkel zögert und verlangt, alle Schritte »genau zu überlegen, damit sie auch zu einem vernünftigen Erfolg führen«.[46] Auch Außenminister Jean Asselborn gibt zu bedenken, dass er sich nicht vorstellen könne, die EU würde »Alleingänge oder chirurgische militärische Operationen« mittragen. Für jedes Handeln der EU oder der NATO sei ein Mandat des UNO-Sicherheitsrates die Bedingung, lässt Asselborn die EU-Partner wissen.[47]

Am 19. März 2011 – nachdem die Vereinten Nationen in der Resolution 1973 die internationale Gemeinschaft zu militärischen

Maßnahmen zum Schutz von Zivilisten in Libyen ermächtigt hatten – beginnen die USA, Großbritannien und Frankreich im Rahmen des internationalen Militäreinsatzes in Libyen mit einer Luft- und Seeblockade sowie Luftangriffen auf Regierungstruppen und Militäreinrichtungen. Am 20. Oktober 2011 wird Machthaber Gaddafi in seiner Geburtsstadt Sirte gefangen genommen und getötet. Am 23. Oktober erklärt der Übergangsrat den Bürgerkrieg für beendet. Doch ist Libyen bis heute nicht zur Ruhe gekommen. Dazu kommen die Flüchtlingsproblematik und die Missachtung jeglicher Rechte.

Luxemburg bekommt einen Sitz im UN-Sicherheitsrat: Die Krönung von Asselborns diplomatischer Karriere

Es ist der 16. Oktober 2012: Außenminister Jean Asselborn fliegt mit großen Erwartungen nach New York. Für Luxemburg und für den Außenminister selbst ist es eine ausgesprochen wichtige Reise. Es geht um nichts Geringeres als um die Wahl eines nichtständigen Sitzes Luxemburgs im Sicherheitsrat der Vereinten Nationen.

Seit die damalige Außenministerin Lydie Polfer 2001 die Bewerbung um diesen Sitz eingereicht hat, hat Luxemburg elf Jahre intensiv für diesen Sitz im mächtigen UN-Gremium geworben. Neben Luxemburg wollen auch Australien und Finnland für zwei Jahre in den UN-Sicherheitsrat einziehen. Zwei »westeuropäische« Sitze werden mit Jahresende 2012 frei, für Deutschland und Portugal ist die zweijährige Periode beendet. Alle drei Kandidatenländer haben bis zuletzt Lobbying auf allen Ebenen betrieben, bis hin zu Schokolade auf den Plätzen der Delegierten im Sitzungssaal des UN-Gebäudes. Jean Asselborn tritt noch am Tag vor der Wahl persönlich am UN-Sitz am East River auf. Dazu spricht er erst vor der Vollversammlung zur Entwicklungskooperation Luxemburgs mit

Afrika und dann vor dem Weltsicherheitsrat zur Arbeit des Internationalen Strafgerichtshofes in Den Haag, eines der jüngsten UN-Gremien. Für ihn ist die Präsenz Luxemburgs im Sicherheitsrat eine Herzensangelegenheit.

Am Abend vor der entscheidenden Kampfabstimmung gibt der Chef der luxemburgischen Diplomatie gemeinsam mit UN-Botschafterin Sylvie Lucas einen Empfang in New York, um die letzten Unentschlossenen auf seine Seite zu ziehen – wie dies Finnland und Australien zuvor gemacht haben.

Dann kommt die Wahl am 18. Oktober. Australien wird im ersten Durchgang mit 140 Stimmen wie erwartet mit deutlicher Mehrheit gewählt. Luxemburg fehlt mit 128 Stimmen eine einzige zur Zweidrittelmehrheit. Finnland wird Dritter. Dass Australien für die sogenannte Westeuropa-Gruppe kandidiert hat, ist wie der Sonderstatus der fünf Großmächte als ständige Mitglieder des Weltsicherheitsrates ein Relikt aus der Zeit des Kalten Krieges. Australien verfügt im Asien-Pazifik-Raum, in seiner eigentlichen geografischen Heimat, als Regionalmacht über ein beträchtliches Gewicht.

Zu den fünf ständigen Vetomächten des Sicherheitsrates (USA, Russland, China, Frankreich und Großbritannien) kommen noch zehn nichtständige Mitglieder, von denen jedes Jahr die Hälfte ausgewechselt wird. Dabei gibt es einen klaren Proporz nach Ländergruppen mit zwei Plätzen für westliche Staaten. Mit Anfang 2013 ziehen fünf Staaten als nichtständige Mitglieder in den UN-Sicherheitsrat ein: Ruanda, Argentinien, Australien, Südkorea und Luxemburg.

Im zweiten Wahlgang macht Luxemburg das Rennen und gewinnt deutlich gegenüber Finnland. Es kann sich mit 131 Stimmen gegen Finnland durchsetzen. Für viele Insider ist dieses Ergebnis eine große Überraschung. Das skandinavische Land ist international sehr angesehen. Dies ist vor allem auf seine Geschichte und Diplomatie zurückzuführen: 1919 wurde es von Russland unabhängig. Im Kalten Krieg war Finnland als neutrales Land auf gute Kontakte zu allen Staaten der Welt bedacht, auch zur damaligen Sowjetunion. Nach dem Fall des Eisernen Vorhangs im Herbst 1989 bezeichnete sich Finnland nicht mehr als neutral, sondern als paktfrei oder paktungebunden und hielt seine Tradition der guten Beziehungen zu allen Ländern, besonders aber zu Osteuropa, aufrecht. Finnlands Staatspräsident Sauli Niinistö und der ehemalige Präsident und Friedensnobelpreisträger Martti Ahtisaari vermuten, dass der Grund für die deutliche Abstimmungsniederlage gegenüber Luxemburg darin zu suchen sei, dass Finnland bereits zweimal, nämlich von 1969 bis 1970 und von 1989 bis 1990, einen der nichtpermanenten Sitze im UNO-Sicherheitsrat innehatte, Luxemburg dagegen bisher noch nie vertreten war.

Der Abstimmungserfolg für Luxemburg ist nach Meinung von Experten dem unermüdlichen Einsatz von Außenminister Jean Asselborn zu verdanken. Er hat jahrelang für die Kandidatur Luxemburgs im UN-Sicherheitsrat geworben und dabei Kontakte zu 180 Ländern geknüpft.

Das heißt, zu fast allen 193 Mitgliedern der Vereinten Nationen. In seiner ersten Stellungnahme nach der Wahl bedankt sich Asselborn bei allen Mitgliedstaaten der Vereinten Nationen, die die Bewerbung Luxemburgs unterstützt haben. »Die Wahl verpflichtet Luxemburg, der Verantwortung als vollwertiges Mitglied der internationalen Gemeinschaft gerecht zu werden. Wir haben nun Gelegenheit, unsere Solidarität und unsere Erfahrung als ehrlicher Makler auf höchster Ebene unter Beweis zu stellen und sensibel für die Anliegen anderer Mitgliedstaaten zu sein.«[48]

Außenminister Asselborn wurde aber auch tatkräftig von seinen Mitarbeitern unterstützt. Hochrangige Diplomaten waren in New York und anderen wichtigen UN-Standorten in der Welt tätig und haben zudem in allen UN-Mitgliedstaaten aktiv für Luxemburgs Sitz geworben. Gerade das Votum der afrikanischen Staaten dürfte für Luxemburgs Erfolg eine entscheidende Rolle gespielt haben.

Nicht zufällig waren aus Anlass der Abstimmung eine Reihe luxemburgischer Diplomaten aus verschiedenen Ländern, aber auch vom Sitz der Afrikanischen Union aus Addis Abeba nach New York angereist.[49] Die Wahl begünstigt haben auch die Beteiligung des Großherzogtums an Auslandseinsätzen bzw. Friedensmissionen der EU und der UNO, die großzügige Finanzierung von Projekten und Programmen der verschiedenen UN-Unterorganisationen sowie die Bereitstellung von einem Prozent des Bruttoinlandsproduktes für Entwicklungszusammenarbeit. Mit diesem Betrag übertrifft Luxemburg deutliche die UN-Vorgabe von mindestens 0,7 Prozent des BIP für Entwicklungshilfe. Mit der Höhe der Entwicklungshilfe-Zahlungen liegt Luxemburg im europäischen Vergleich mit anderen Mitgliedsländern unangefochten an der Spitze. Die überwältigende Mehrheit hochentwickelter, reicher Staaten unterschreitet in beachtlicher Weise die Richtlinie der UNO in diesem Bereich.

Für Außenminister Jean Asselborn war es jedenfalls ein langer Weg nach New York, um für Luxemburg einen Platz als nichtständiges Mitglied im Sicherheitsrat der Vereinten Nationen für den Zeitraum 2013 bis 2014 zu bekommen. Luxemburg hat sich die jahrelange Kampagne auch etwas kosten lassen, was im Land in manchen Interessengruppen, wie den Gewerkschaften, auch umstritten war. Asselborn beziffert die Ausgaben bis zur Abstimmung mit einer Summe in Höhe von knapp einer Million Euro.

Über den diplomatischen Imagegewinn hinaus will das Großherzogtum den Sitz im UN-Sicherheitsrat auch dafür nutzen, um »Flagge zu zeigen«, wie es das *Luxemburger Wort*, die größte Tageszeitung des Landes, formulierte. Damit ist gemeint, dass Luxemburg die UN-Initiative als Teil einer Gesamtstrategie des Großherzogtums sieht, in der Welt sichtbarer zu werden und nicht nur als internationaler Finanzplatz mit günstigen Steuerregelungen für Konzerne wahrgenommen zu werden.

Zu den prioritären Dossiers im Weltsicherheitsrat gehören während der Teilnahme Luxemburgs die Lage im Bürgerkriegsland Syrien, die russische Invasion auf der Krim und die Situation in der Ostukraine. Nach einem Jahr im höchsten UN-Gremium wiederholt Außenminister Asselborn bei einer Midterm-Pressekonferenz mit UN-Botschafterin Sylvie Lucas in New York die Notwendigkeit einer politischen Lösung des Syrienkrieges. Er betont, dass Luxemburg in seinem Bestreben, Syrien für humanitäre Hilfe auf bestimmten Routen zu öffnen, vorangekommen ist, weil es als kleines Land »keine militärischen Hintergedanken hat«.[50]

Luxemburg verfolgt im Detail auch die Nahost-Friedensverhandlungen, die Asselborn jedoch durch die israelische Siedlungspolitik gefährdet sieht. »Die Zeit für historische Entscheidungen ist gekommen«, heißt es etwa in einer schriftlichen Bilanz des luxemburgischen Außenministeriums.

Dominiert wird Luxemburgs Periode im UN-Sicherheitsrat – wie gesagt – vom Krieg in Syrien. Mit ungewöhnlich deutlichen Worten wirft Außenminister Jean Asselborn der internationalen Gemeinschaft Anfang 2013 vor, in den Bemühungen um ein Ende des blutigen Konflikts in Syrien, der seit 2011 anhält, zu versagen. »Ich glaube, dass der elementarste Menschenverstand nicht mehr imstande ist, rational zu sagen, warum diese Brutalitäten in Syrien noch weitergehen müssen«, sagte Asselborn damals.[51] »Der Sicherheitsrat versagt, die Arabische Liga findet nicht den richtigen Tritt«, fährt der Außenminister fort. »In Syrien selbst müsste es doch Menschen geben, die sich zusammensetzen aus dem größeren Umfeld des Regimes und der Opposition. Man muss wirklich sagen, es ist zum Verzweifeln.« Es gehe gar nicht um einen Führungswechsel in Syrien, sondern »um die elementarste Menschlichkeit und das Empfinden für die Menschen in Syrien. Und da versagen wir alle. Wir verschwenden unheimlich viel Energie, um zu erklären, warum die internationale Gemeinschaft keinen Tritt findet, um Klartext zu reden«, erklärt Jean Asselborn in seiner sehr offenen Ausdrucksweise. Und er setzt noch nach: »Wäre diese Energie zur Suche nach einer Lösung eingesetzt worden, dann hätten wir schon lange etwas getan, um das Gemetzel zu stoppen.« Da es aber militärisch keinen Sieger geben werde, »müssen wir weiter auf die Diplomatie setzen«.

Zu einem »potenziellen Durchbruch«, wie es sowohl Russlands Präsident Wladimir Putin als auch der amerikanische Präsident Barack Obama bezeichnen, kommt es im Herbst 2013: Die syrische Armee setzt bei Angriffen Giftgas ein, was international zu heftiger Kritik führt. Moskau macht plötzlich den Vorschlag, der mit den USA abgesprochen ist, Syriens Giftgas unter internationale Kontrolle zu stellen.[52]

Diese Entwicklung kommt unerwartet. Zwei Jahre lang hat der Westen Russland als Hürde für eine Friedenslösung in Syrien bezeichnet. Während Obama eine entschiedene Antwort auf den mutmaßlichen Giftgaseinsatz fordert, warnt Putin vor einem Angriff. Doch wenige Tage nach dem G-20-Gipfel in St. Petersburg Anfang September 2013 betonen Russland und die USA, dass sie gemeinsam hinter dem neuen Plan zur Übergabe der syrischen Chemiewaffen stehen. Obama spricht freundlich von einer russischen Initiative, obwohl US-Außenminister John Kerry den Startschuss dafür gegeben hat. Außenminister Jean Asselborn sieht darin die Chance für ein »reset«, einen Neubeginn in den tiefgekühlten russisch-amerikanischen Beziehungen.[53] Gleichzeitig betont Asselborn, dass der Grund für die neue Harmonie zwischen Russland und den USA sein dürfte, dass die Initiative beiden nützt. Obama kann vom angedrohten Militärschlag absehen, der ihn im In- und Ausland erheblich unter Druck setzen würde, Putins Strategie zielt darauf ab, den Eindruck zu verwischen, Russland sei in der Syrien-Frage isoliert. Für Asselborn ist jedenfalls wichtig, dass die Debatte erst einmal zurück im UNO-Sicherheitsrat ist, wo Russland eine der Vetomächte ist.

Asselborn wiederholt die Notwendigkeit einer politischen Lösung des Konfliktes. Die Verständigung auf die Zerstörung der chemischen Waffen dürfe nicht auf eine Stärkung der Position des syrischen Präsidenten Baschar al-Assad hinauslaufen, sagt der Außenminister, ebenso wenig wie es bedeuten dürfe, dass anschließend konventionelle Waffen gegen die Bevölkerung gerichtet werden.

Trotz der diplomatischen Bemühungen gehen die Kämpfe zwischen Assad-Truppen und islamistischen Verbänden unvermindert weiter, in Genf scheitert im Februar 2014 eine internationale Syrien-Friedenskonferenz. Für die Bevölkerung wird die Lage immer prekärer, viele flüchten. Am 29. Juni 2014 erklärt der Führer der Terrororganisation ISIS die von seinen Kämpfern kontrollierten Gebiete im Irak und in Syrien zum Kalifat. Der »Islamische Staat« wird ausgerufen. Die Terroristen verbreiten Angst und Schrecken mit Enthauptungen und Kreuzigungen von Gegnern – auch von Kämpfern anderer Rebellengruppen. Im September 2014 meldet das UN-Flüchtlingshilfswerk (UNHCR), dass drei Millionen Syrer ihre Heimat verlassen haben. Insgesamt sind es etwa 123.000 Syrer, die zum damaligen Zeitpunkt einen Asylantrag in Europa gestellt haben. In Syrien selbst sind dem UNHCR zufolge elf Millionen Menschen auf humanitäre Hilfe angewiesen, 6,5 Millionen Syrer sind Binnenflüchtlinge.

Luxemburg ist in seinem zweiten Jahr als nichtständiges Mitglied im UN-Sicherheitsrat nicht nur mit dem Krieg in Syrien und den Millionen Flüchtlingen konfrontiert, sondern auch mit einer schweren geostrategischen Krise direkt vor Europas Haustür: Russland annektiert Anfang März 2014 die zur Ukraine gehörende Halbinsel Krim. »Es wäre fatal, wenn Krieg entstehen würde«, lautet die erste Reaktion von Außenminister Jean Asselborn.[54]

In einem Referendum stimmt die überwältigende Mehrheit der Wähler auf der Krim (93 Prozent) für einen Beitritt zu Russland.

Die EU-Außenminister verurteilten das Referendum gemäß internationalem Recht als »illegal« und beschließen wirtschaftliche und diplomatische Sanktionen gegenüber Russland. Gleichzeitig macht sich Resignation unter Europas Chefdiplomaten breit. »Mit den stärksten Sanktionen der Welt können wir den Status quo nicht mehr herstellen«, räumt Außenminister Jean Asselborn ein und fügt hinzu: »Das muss man realpolitisch anerkennen und auch sagen, stopp«, betont er in Richtung Moskau.[55]

Das Vorgehen Russlands gegenüber der Ukraine beschäftigt auch den UN-Sicherheitsrat, in dem Luxemburg vertreten ist. Doch Russland kann mit seinem Veto eine Resolution verhindern, die die territoriale Integrität der Ukraine noch rechtzeitig vor dem Referendum betont hätte. Von den 15 Mitgliedern stimmen 13 für die Resolution, China enthält sich. Außenminister Jean Asselborn, der den Vorsitz im Sicherheitsrat hat, lobt, dass China und der Westen jeden einseitigen Schritt zur Änderung von Staatsgebieten ablehnen und eine internationale Koordinierungsgruppe fordern. Von einer »Ohrfeige« für den russischen Staatspräsidenten Wladimir Putin sprechen westliche Diplomaten hinter vorgehaltener Hand nach der Abstimmung.[56] Fast alle Staaten des Europarates sprechen sich ebenfalls für die territoriale Integrität der Ukraine aus, also gegen eine Abspaltung der Krim.

Der politische Ansehensverlust oder die Frage »Will Russland einen neuen Kalten Krieg?« kümmert die Verantwortlichen im Kreml nur wenig. Jean Asselborn bemerkt ratlos: »wir sind an die Grenzen der üblichen Diplomatie gestoßen.«[57]

Jenseits der Krim destabilisiert Russland die Ukraine im Osten und Süden des Landes. Der bewaffnete Konflikt findet zwischen von Russland unterstützten und regulären russischen und ukrainischen Truppen sowie Freiwilligenmilizen im Donbass statt.

Am 17. Juli 2014 kommen bei einem Abschuss eines Malaysia-Airlines-Fluges über der Ostukraine 298 Menschen ums Leben. Das

Höhepunkt der diplomatischen Laufbahn von Jean Asselborn: Von 2013 bis 2014 hat Luxemburg erstmals einen Sitz als nichtständiges Mitglied im Sicherheitsrat der UNO. Dabei trifft er UN-Generalsekretär Ban Ki-moon

Flugzeug wird durch eine aus Russland stammende Flugabwehrrakete des Typs Buk M1 abgeschossen. Der Anschlag verschärft den bewaffneten Konflikt weiter.

Anfang September 2014 tritt ein brüchiger Waffenstillstand in Kraft (Minsk-Protokoll oder Minsk I), der von der OSZE überwacht werden soll, doch die Abmachung von Minsk wird ständig gebrochen. Im Februar 2015 handeln die Regierungschefs Russlands, der Ukraine, Deutschlands und Frankreichs das sogenannte »Maßnahmenpaket von Minsk« aus. Darin wird nicht nur erneut eine Waffenruhe vereinbart, sondern es werden auch Schritte für einen politischen Prozess, wie beispielsweise Lokalwahlen im Donbass und eine Verfassungsreform, festgelegt. Bis heute ist der Konflikt nicht gelöst, etwa 10.000 Menschen sind bisher getötet worden, Tausende mussten flüchten.

Syrien, die Ukraine, der Nahe Osten, Nordafrika, Libyen – jahrelange Bemühungen der EU haben keine nennenswerte Befriedung gebracht. Dennoch wird der Einsatz von Außenminister Jean Asselborn in der EU ebenso wie auf UNO-Ebene mit Luxemburg als nichtständigem Mitglied gewürdigt. Das *Luxemburger Wort* gibt für Jean Asselborn schon zur Halbzeit seines Sitzes im höchsten UN-Gremium eine Bewertung ab: »Die Wahl des Großherzogtums in den UN-Sicherheitsrat gilt schon jetzt als die Krönung von Asselborns diplomatischer Karriere.«[58]

Rückblickend auf die Präsenz seines Landes im Sicherheitsrat der UNO lobt Asselborn seine Diplomaten in New York, in Luxemburg und in der Welt für ihr großes Engagement. Der luxemburgischen Botschafterin in New York Sylvie Lucas attestiert er, dass es ohne sie, ohne ihre Autorität, ihre Kompetenz und ihre Präsenz auf allen Ebenen der UNO-Szene nicht möglich gewesen wäre, so viel Lob für Luxemburg zu bekommen. Auch deshalb tut Asselborn schon heute alles, damit Luxemburg für 2031 und 2032 ein zweites Mal in den Sicherheitsrat gewählt werden kann.

5. SCHWIERIGE JAHRE AB 2015: Flüchtlingskrise, Brexit und internationale Herausforderungen

Dass Menschen sich von afrikanischen Ländern, vom Nahen Osten, von Syrien, dem Irak oder aus Afghanistan auf den Weg nach Europa machen, ist den EU-Politikern Anfang des Jahres 2015 bekannt, die Brisanz den meisten auch bewusst. Luxemburg führt im zweiten Halbjahr 2015 den Vorsitz in der EU, für Außenminister Jean Asselborn ist es die zweite EU-Präsidentschaft in seiner Amtszeit. Kurz vor Übernahme der Ratspräsidentschaft hat Asselborn vor einem »Chaos« gewarnt, sollten sich die Staats- und Regierungschefs bei ihrem Gipfeltreffen Ende Juni 2015 nicht auf eine Lastenteilung verständigen. Gelinge dies nicht, wäre »nicht nur die Glaubwürdigkeit der EU in Gefahr, sondern vor allem auch Schengen«.[59]

Asselborn spricht offen von einer »sehr, sehr kritischen Situation« in Europa und zeichnet ein düsteres Szenario: »Die Europäische Union kann auseinanderbrechen. Das kann unheimlich schnell gehen, wenn Abschottung statt Solidarität nach innen und nach außen die Regel wird. Dieser falsche Nationalismus kann zu einem richtigen Krieg führen.« Diesen Satz wiederholt Asselborn während des luxemburgischen EU-Vorsitzes und auch in den Jahren danach noch etliche Male.

Ab Mitte des Jahres 2015 verschärft sich die Lage zusehends. Die EU-Granden finden bei ihrem Treffen in Brüssel keine Lösung bei der Aufteilung von Flüchtlingen, osteuropäische Mitglieder legen sich quer. Nun müssen die EU-Innenminister diese schwierige Aufgabe anpacken. Bis Ende Juli soll es über die Verteilung von 60.000 Flüchtlingen, darunter 40.000 Syrer und Eritreer, die über Italien und Griechenland eingereist sind, sowie 20.000 bereits von der UNO anerkannte Schutzsuchende direkt aus Krisengebieten Einigkeit geben. Asselborn, der auch für Migration zuständig ist,

Jean Asselborn besucht gemeinsam mit EU-Migrationskommissar Dimitris Avramopoulos im Herbst 2015 das Flüchtlingslager auf Lesbos

leitet als EU-Ratsvorsitzender die Verhandlungen über einen Verteilungsschlüssel. Bei einem Innenministertreffen am 9. Juli 2015 in Luxemburg wird eine Vereinbarung über die Aufteilung von Flüchtlingen auf ein neues Treffen verschoben.

Jean Asselborn steht vor einer enormen Aufgabe. Sein kleiner Beamtenstab kann die Herausforderung allein nicht mehr stemmen. Er sucht nach personeller Verstärkung für sein Ressort. Der EU-erfahrene Spitzendiplomat Marc Ungeheuer, eben als Botschafter nach Japan geschickt, wird wenige Wochen nach seiner Ankunft in Tokio nach Luxemburg zurückberufen. Der krisenerprobte Beamte, der für das Großherzogtum zuvor jahrelang in Brüssel tätig war, wird neuer Generalsekretär im Außenministerium. Als Manager muss er die Kräfte im Ministerium bündeln und im Hintergrund Kompromisse in der Migrationsfrage ausloten. Die Diskussion über ein gerechtes Quotensystem, eine faire Aufteilung der Flüchtlinge in der EU, ist wegen der restriktiven Haltung einiger osteuropäischer

Länder festgefahren. Einige EU-Staaten wie Deutschland, Österreich und Schweden nehmen Flüchtlinge auf, andere machen dicht.

In dieser Situation fallen drei Worte, die sehr bald als Einladung an Flüchtlinge interpretiert werden und als Synonym für »Willkommenskultur« gelten: »Wir schaffen das!«, sagt Bundeskanzlerin Angela Merkel bei der Berliner Bundespressekonferenz am 31. August 2015. »Ich sage ganz einfach: Deutschland ist ein starkes Land, und das Motiv, in dem wir an diese Dinge herangehen, muss sein: Wir haben so vieles geschafft, wir schaffen das! Wir schaffen das, und wo uns etwas im Wege steht, muss es überwunden werden, muss daran gearbeitet werden«, sagt die Bundeskanzlerin wörtlich. Mit »diesen Dingen« ist eine Herausforderung gemeint, die bis heute nicht nur Deutschland, sondern die ganze EU beschäftigt.

In der Nacht von 4. bis 5. September 2015 spitzt sich die Flüchtlingsfrage dramatisch zu. In den Morgenstunden stürmen mehr als 10.000 Flüchtlinge die österreichisch-ungarische Grenze bei Nickelsdorf. Man hört laute »Germany, Germany«-Rufe, Züge und Busse stehen bereit, so gut wie alle wollen nach Deutschland weiterreisen. Noch in der Nacht wird zwischen Budapest, Wien und Berlin auf höchster politischer Ebene die Weiterreise Tausender Flüchtlinge aus Ungarn ausgehandelt, »um eine akute Notlage zu bereinigen«, wie es im Berliner Kanzleramt heißt.[60] Von 100 Neuankömmlingen suchen im Schnitt zwei Migranten in Österreich um Asyl an.

Während es zu dramatischen Szenen an der Grenze kommt, tagen die EU-Außenminister unter Vorsitz der Hohen Vertreterin der EU für Außen- und Sicherheitspolitik Federica Mogherini im Konferenzzentrum auf dem Kirchberg. Die Stimmung ist angespannt, den Ressortchefs gelingt es nicht, die tiefen Gräben zwischen den Ländern zu schließen, obwohl im Vorfeld etliche Teilnehmer dazu aufgerufen hatten, endlich mit konstruktiven Beiträgen eine Lösung zu finden. Im Mittelpunkt des Streits stehen wieder einmal die Staaten aus dem Osten des Kontinents, die verbindlichen Regeln zur Verteilung von

Flüchtlingen äußerst kritisch gegenüberstehen oder solche sogar ablehnen. Immer wieder verweisen sie darauf, dass kaum ein Asylsuchender freiwillig zu ihnen komme. Und immer wieder wird auf Sorgen der dortigen Bevölkerung wegen des Flüchtlingsstroms verwiesen, was vor allem damit zu tun habe, dass man zu Sowjetzeiten abgeschottet gewesen sei und keine Erfahrungen mit Fremden habe. »Es herrscht Angst. Es herrscht Ungewissheit. Die Menschen sind mehrheitlich gegen die Aufnahme von Flüchtlingen, und dies können die Regierungen nicht ignorieren, ohne ihren Rückhalt in der Bevölkerung zu verlieren«, erklärt ein ungarischer Diplomat am Rande des Außenministertreffens. Das ist genau die Haltung, die auch Ungarns Ministerpräsident Viktor Orbán einnimmt. Er macht keinerlei Anstalten, von seinen Wählern Verständnis für Flüchtlinge zu fordern. Im Gegenteil. Die Grenze zu Serbien wird dichtgemacht, Orbán beginnt einen 180 Kilometer langen Zaun an der ungarisch-serbischen Grenze zu bauen. »Man muss sich manchmal schämen für Viktor Orbán. Das ist ein Mann, der vieles kaputt geschlagen hat in Ungarn, aber auch vieles kaputt geschlagen hat, was die Werte in der Europäischen Union angeht«, kommentiert Jean Asselborn das Verhalten Orbáns heute. Der ungarische Regierungschef erklärte damals – und das ist auch heute noch seine Meinung – das Flüchtlingsdrama zum deutschen bzw. zum europäischen Problem, jedenfalls nicht zu einem gemeinsamen. Die Regierung in Budapest negiert europäische Verpflichtungen bis zum heutigen Tag, selbst die Verpflichtung des Dubliner Abkommens. Dieses regelt, dass derjenige Mitgliedstaat, in dem Asylwerber erstmals europäischen Boden betreten, für das Asylverfahren verantwortlich ist.

Auf der anderen Seite im Konflikt um eine faire Aufteilung der Flüchtlinge stehen Länder, die den östlichen Mitgliedstaaten vorwerfen, sich extrem unsolidarisch zu verhalten. Hinter vorgehaltener Hand verweisen Diplomaten darauf, dass osteuropäische Mitglieder seit ihrem Beitritt zur EU im Jahr 2004 Milliardenbeträge von

Nettozahlern wie Deutschland, Schweden oder auch Österreich erhalten haben, aber daran könne sich offensichtlich niemand mehr erinnern.

Trotz aller Konflikte: Die Chance auf Einigung wird beim Luxemburger Ministertreffen nicht aufgegeben. »Wir kommen an einer Lösung nicht vorbei«, sagt Deutschlands Außenminister Frank-Walter Steinmeier.[61] Dann fliegt er nach Berlin zurück. Die Frage, wie 120.000 Flüchtlinge in der EU aufgeteilt werden sollen, was die EU-Kommission verlangt, bleibt ungeklärt.

Jean Asselborn wartet auf den nächsten EU-Termin, um Antworten auf die ausgedehnte Flüchtlingskrise zu finden. Am 14. September 2015 steht der Rat »Justiz und Inneres« auf der Agenda. »Es muss eine grundlegende Frage geklärt werden: Wie wird Europa mit all diesen Menschen umgehen?«, fragt Asselborn in einem Interview mit der französischen Tageszeitung *Le Monde*.[62] Er erinnert an die schrecklichen Bilder der Flüchtlingskatastrophe: An Dutzende erstickte Migranten in einem Kühlwagen auf der Autobahn vor Wien oder an den kleinen Flüchtlingsbuben Aylan, der tot an einem Strand in der Türkei gefunden wurde und dessen Bild um die Welt ging.

Erneut verweist Luxemburgs Chefdiplomat auf die Charta der Grundrechte der Europäischen Union und ihren Artikel 18, der Mitgliedsländer verpflichtet, Personen aufzunehmen, die durch die Genfer Konvention geschützt sind. Jean Asselborn skizziert im *Le-Monde*-Interview die Notwendigkeit einer umfassenden Migrationspolitik der EU: eine Rückführungspolitik, die natürlich Bedacht darauf nimmt, dass es schwierig sein dürfte, Syrer, Afghanen oder Eritreer in ihre Heimatländer zurückzuschicken. Auch die Hotspots, die Kontroll- und Registrierungszentren in Italien und Griechenland, müssten funktionieren und Asylanträge rasch behandelt werden. Schließlich gelte es neue Wege der Zusammenarbeit mit den

Ursprungs- und Transitländern zu finden. Was der Außenminister im Herbst 2015 fordert, hat Jahre später nichts an Gültigkeit verloren.

Eine Option hält Jean Asselborn als EU-Ratsvorsitzender aber noch zurück: einen Beschluss über eine Flüchtlingsquote im Innenministerrat mit qualifizierter Mehrheit und nicht einstimmig, wie Entscheidungen bei Treffen der Staats- und Regierungschefs üblich sind. Schon bald ist der luxemburgische Sozialdemokrat gezwungen, diese Karte zu ziehen.

Beim Krisentreffen der 28 EU-Innenminister am 14. September in Brüssel hat die feste Quote zur Verteilung von Flüchtlingen, wie sie die EU-Kommission vorschlägt, keine Mehrheit. Die mittelosteuropäischen und baltischen Staaten sind dagegen. »Wir denken, dass Quoten nicht die richtige Lösung sind«, verteidigt etwa der slowakische Innenminister Robert Kaliňák seine Haltung.[63] Polen, Ungarn, Tschechien unterstreichen umgehend diese Position gegen eine Pflichtverteilung von Flüchtlingen. Syrische Flüchtlinge sollten lieber in den Auffanglagern in der Türkei, im Libanon oder in Jordanien bleiben, schlagen die Visegrád-Staaten vor.

Die Schuldzuweisungen nehmen zu. Die österreichische Innenministerin der ÖVP, Johanna Mikl-Leitner, macht unterdessen deutlich, dass Deutschland mitverantwortlich am Ausmaß der Flüchtlingskrise sei. Berlin habe das sogenannte Dublin-Verfahren für syrische Kriegsflüchtlinge ausgesetzt. »Tausende von Menschen haben sich verstärkt auf den Weg gemacht«, sagt die konservative Politikerin.[64] Die deutsche Entscheidung habe »sehr vielen Hoffnungen«[65] gegeben.

Da die Umverteilung von Flüchtlingen nicht möglich ist, führen Schengen-Mitgliedsländer wieder Grenzkontrollen ein. »Wir zeigen damit, dass Deutschland nicht bereit ist, alleine durch eine faktische Umverteilung die Last zu tragen«[66], rechtfertigt Innenminister Thomas de Maizière die Maßnahme. Und Luxemburgs Ressortchef warnt vor einem Chaos an den Grenzen Europas, wenn viele Länder wieder Grenzkontrollen einführen würden. »Das wird ein Domino-Effekt werden, und wir können Schengen vergessen.«[67] Noch heute sind die Grenzkontrollen nicht aufgehoben und Schengen-Regeln außer Kraft gesetzt.

Immer wenn der Zustrom von Flüchtlingen ein Land stark belastet, was ja in Griechenland und Italien im Herbst 2015 ständig der Fall ist, schlägt EU-Kommissionspräsident Jean-Claude Juncker die Verteilung der Flüchtlinge nach einem festgelegten Schlüssel vor. Der Plan der Kommission sieht vor, insgesamt 160.000 Migranten zu verteilen: 120.000 aus Griechenland, Italien und Ungarn sowie 40.000, auf deren Aufnahme sich die EU-Staaten im Sommer 2015 geeinigt hatten. In der Praxis wird diese Zusage nicht erfüllt.

Mit Verwunderung wird die europäische Uneinigkeit von außen betrachtet. »Wir erleben heute eine Situation des Chaos und der Verwirrung bei der Flüchtlingskrise in Europa«, sagt der portugiesische UN-Hochkommissar für Flüchtlinge António Guterres. Er appelliert an die EU-Staaten, »Ordnung zu schaffen. Solidarität ist etwas, was einige Länder manchmal benötigen und andere Länder anbieten müssen.«[68]

22. September 2015: Die Flüchtlingsquote wird beschlossen

Bei einem Treffen der EU-Innenminister setzen sich die Befürworter einer fairen Flüchtlingspolitik durch. Gegen den Widerstand von vier osteuropäischen Staaten – Tschechien, Slowakei, Ungarn und Rumänien – wird die Flüchtlingsverteilung mit qualifizierter Mehrheit beschlossen. Polen, das die Umverteilung bislang kritisch gesehen hat, stimmt dafür. Finnland enthält sich der Stimme. Die Quotengegner sind nach diesem Beschluss zur Aufnahme der Menschen aus den stark belasteten Ankunftsländern Italien und Griechenland verpflichtet – von Gesetzes wegen.

Die überstimmten Gegner der Flüchtlingsverteilung zeigen sich empört. »Der Beschluss ist durch eine große Mehrheit von Mitgliedstaaten gefasst worden«, teilt Jean Asselborn als Vorsitzender des EU-Innenministerrates mit. Europa befinde sich in einer Notsituation und sehe sich Vorwürfen ausgesetzt, in der Flüchtlingsfrage nicht schnell genug zu handeln, sagt der Luxemburger. Ohne den Beschluss wäre die EU »auf andere Weise gespalten gewesen und in ihrer Glaubwürdigkeit getroffen«. Er habe »keine Zweifel«, dass auch die Kritiker die Entscheidung vollständig umsetzen würden, erwartet sich der Migrationsminister.[69] Laut Asselborn müsse auch Ungarn bei der Verteilung von 120.000 Flüchtlingen einen Anteil übernehmen. Die »berühmten Quoten«, wie sie die EU-Kommission vorgeschlagen hatte, stehen nicht im Rechtstext, hebt er hervor.

Diese Annahme entpuppt sich rasch als frommer Wunsch. Umgehend spricht der slowakische Regierungschef Robert Fico von einem »Diktat« und kündigt an, sich nicht an den Mehrheitsbeschluss halten zu wollen, auch wenn dadurch ein Vertragsverletzungsverfahren riskiert werde. Zwei Tage nach dem Innenminister-Beschluss kündigt Fico an, diesen vor dem Europäischen Gerichtshof (EuGH) anfechten zu wollen, was dann schließlich auch passiert. Auch Ungarn lässt sich den Beschluss nicht gefallen und zieht vor den Gerichtshof in Luxemburg.

»Der gesunde Menschenverstand hat heute verloren«, twittert der tschechische Innenminister Milan Chovanec. Für die Regierung in Prag ist der Beschluss »offenbar rechtswidrig«, wie es in einer Protestnote an den luxemburgischen EU-Vorsitz formuliert ist.

Polen, das kurz vor Parlamentswahlen steht, will die Entscheidung nach dem Urnengang rückgängig machen. Die Spitzenkandidatin der rechtskonservativen PiS-Partei, Beata Szydło, findet das Verhalten der noch amtierenden Regierung »entsetzlich« und »schockierend«.[70] Die PiS werde sich nach der Wahl »vor allem nach dem Wohl der Polen und polnischen Sicherheit richten«, verspricht die Politikerin.

Einmal mehr betont der Vizepräsident der EU-Kommission Frans Timmermans, dass seine Behörde schon in der Vergangenheit Vertragsverletzungsverfahren wegen Verstößen im Asyl- und Migrationsrecht eingeleitet habe. Sie habe als Hüterin der Verträge »die Verpflichtung, sicherzustellen, dass Mitgliedstaaten die Entscheidungen einhalten, deren Teil sie sind«.[71]

Entschieden wird die Idee abgelehnt, EU-Staaten könnten sich von der Pflicht zur Aufnahme von Flüchtlingen freikaufen. Deutschland und Frankreich lehnen dies strikt ab. »Es kann kein Geschäft geben: Geld gegen Flüchtlinge«, stellt entrüstet Deutschlands Innenminister Thomas de Maizière fest.[72]

Nach Flüchtlingsverteilung kommt der Grenzschutz

In Brüssel folgt ein Krisentreffen dem anderen: Die EU-Staats- und Regierungschefs kommen nur zwei Tage nach dem Innenministerrat zusammen. Für den abendlichen Sondergipfel am 23. September gibt Donald Tusk ein Thema aus: die Abwehr der Flüchtlinge. Und er warnt die EU-Staaten davor, dass »Millionen und nicht Tausende Flüchtlinge sich auf den Weg nach Europa aufmachen könnten. Die meisten Flüchtlinge fühlen sich von Europa eingeladen«, sagt er nach Gesprächen in der Türkei, Jordanien und Ägypten.[73]

Die Debatte ist aufgeheizt, im Stakkato fallen Begriffe wie »Hotspots«, »Frontex-Aufrüstung«, »Registrierung von Flüchtlingen«, »Abschiebung von Schutzsuchenden«. »Es geht um das Menschenrecht auf Asyl«, der Appell des österreichischen Bundeskanzlers Werner Faymann an seine Amtskollegen ist eine Stimme der Vernunft.[74]

Faymann und die deutsche Bundeskanzlerin Angela Merkel sind es auch, die bei diesem Treffen selbstkritisch analysieren, dass ein Grund für die Flüchtlingsbewegungen auch mangelnde finanzielle

Hilfe für die syrischen Nachbarländer, den Libanon, Jordanien und die Türkei, ist, wo Tausende Kriegsflüchtlinge in riesigen Lagern leben. Monate zuvor klagte das Welternährungsprogramm der Vereinten Nationen, nicht mehr genügend Geld zu haben, um die Menschen in den Flüchtlingsunterkünften ausreichend ernähren zu können. »Hier haben wir alle miteinander, und ich schließe mich da ein, nicht gesehen, dass die internationalen Programme nicht ausreichend finanziert sind, dass Menschen in den Flüchtlingslagern hungern, und dass die Lebensmittelrationen gekürzt wurden«, gesteht die deutsche Kanzlerin ein. Sie erhoffe sich deshalb von dem Gipfel »ein Signal«, die Finanzierungslücke, etwa beim Welternährungsprogramm, zu schließen. Dieses Signal soll laut Faymann »eine oder eineinhalb Milliarden Euro« schwer ein.

Ganz anders äußert sich Ungarns Ministerpräsident Viktor Orbán, der die harte und beispiellose Flüchtlingspolitik seines Landes verteidigt. Mit steinerner Miene erklärt er angesichts der Anschuldigung, Ungarn habe seine Grenze zu Serbien für Schutzsuchende de facto dichtgemacht, dass sich sein Land an die Regeln des Schengen-Systems halte. Allen Mitgliedsländern empfiehlt er, es Ungarn gleichzutun. »Wenn die Bestimmungen nicht eingehalten werden, gerät die gesamte EU ins Chaos.« Unterstützung bekommt Orbán vom Fraktionschef der Europäischen Volkspartei Manfred Weber. »Es wird künftig mehr Zäune geben müssen«, sagt er der *Passauer Neuen Presse.*[75]

Die tiefe Kluft zwischen Ost und West, die Zerrissenheit der EU war nie zuvor so deutlich sichtbar wie in der Asylproblematik. Der Konflikt spannt sich zwischen nationaler Selbstbestimmung und Solidarität mit Lastenaufteilung. Ein permanenter Verteilungsmechanismus lässt wegen der politischen Sprengkraft weiter auf sich warten. Einig sind sich die Staats- und Regierungschefs in einem Punkt: Die Türkei wird bereits im Herbst 2015 als Schlüssel zur Lösung der Flüchtlingskrise gesehen, ein gutes halbes Jahr bevor es im März 2016 zum Abkommen der EU mit der Türkei kommt.

Nach der Entscheidung der Innenminister kommt die EU in der Flüchtlingsfrage nicht zur Ruhe. Der Druck auf die EU-Institutionen und die Mitgliedsländer steigt, die Flüchtlingszahlen – vor allem auf der Balkanroute – nehmen von Woche zu Woche dramatisch zu. EU-Kommissionspräsident Jean-Claude Juncker will nicht länger warten und den Entwicklungen tatenlos zusehen. Der Christdemokrat ergreift Ende Oktober 2015 die Initiative und lädt elf Regierungschefs der betroffenen Staaten zu einem Sondergipfel nach Brüssel ein.

Junckers entschlossenes Handeln legt das Führungsdilemma der EU offen. Entgegen allen Usancen richtet der Kommissionspräsident und nicht – wie üblich – der Ratspräsident dieses Gipfeltreffen aus. Zuständig für die Gipfel der Staats- und Regierungschefs wäre eigentlich Ratspräsident Donald Tusk, der aber in diesen entscheidenden Tagen zu zögerlich handelt. Bei einigen Staaten stößt dieser Ansatz zunehmend auf Kritik. Das Sondertreffen findet auch nicht am Sitz des Europäischen Rates statt, sondern in der EU-Kommission, dem Berlaymont-Gebäude.

Die Spannungen zwischen Juncker und Tusk in der Flüchtlingsfrage sind nicht neu. Bereits im April 2015, dem ersten EU-Gipfel zur Flüchtlingskrise, war zwischen beiden ein heftiger Streit über die vom Kommissionspräsidenten vorgeschlagenen verpflichtenden Quoten zur Verteilung von Asylwerbern in der EU entbrannt. Juncker stellte sich damals an die Seite des italienischen Ministerpräsidenten Matteo Renzi, der seine EU-Kollegen mit scharfen Worten kritisierte: »Wenn das eure Idee von Europa ist, könnt ihr sie behalten, ohne Solidarität verschwendet ihr unsere Zeit«, sagte Renzi.

Bei diesem EU-Gipfel hatte Juncker dafür geworben, die Verteilung von Flüchtlingen mit qualifizierter Mehrheit notfalls gegen den Widerstand einzelner Staaten durchzusetzen. Tusk wollte dagegen nur freiwillige und im Konsens aller 28 EU-Staaten beschlossene Quoten. Nach einem fünfmonatigen Gezerre zwischen den Mitgliedsländern wurden Tschechien, die Slowakei, Ungarn und Rumänien schließlich im September beim Beschluss der EU-Innenminister zur Verteilung von 120.000 Flüchtlingen überstimmt.

Der Kommissionspräsident bringt den Handlungsbedarf in seiner Einladung zum Sondergipfel auf den Punkt: »Es gibt Bedarf nach viel mehr Zusammenarbeit, mehr ausführlichen Gesprächen und unverzüglichem operativen Handeln.« Ziel des Sondergipfels am Sonntag, dem 25. Oktober 2015, sei es, sich auf »gemeinsame operative Schlussfolgerungen zu einigen, die sofort umgesetzt werden sollen«, heißt es in einer Pressemitteilung der EU-Kommission.[76] Ergänzend wird von verschiedenen Kommissionsbeamten in Hintergrundgesprächen darauf hingewiesen, die Staaten müssten »raus aus der Situation, wo jeder sein eigenes Süppchen kocht« und die Probleme nur auf die Nachbarn abwälzt. Juncker habe mit den meisten Akteuren gesprochen, und er habe es nicht notwendig, sich persönlich zu profilieren, erklären engste Mitarbeiter des Kommissionspräsidenten seine Initiative. »Es geht um einen Notfall, und das Protokoll ist in diesem Augenblick nicht wichtig.« Juncker sei »ergriffen« von den Bildern von Tausenden Flüchtlingen, rechtfertigt der ehemalige französische EU-Kommissar Michel Barnier das Vorgehen des Kommissionspräsidenten.[77]

»Politik des Durchwinkens« beenden

Der Kommissionspräsident will die Flüchtlingssituation auf der sogenannten Balkan-Route mit einem 16-Punkte-Plan besser in den Griff bekommen. Die »Politik des Durchwinkens« von Migranten von einem Staat zum anderen müsse beendet werden, steht im Konzept Junckers für den Balkan-Sondergipfel am 25. Oktober 2015. Ziel ist es, die Zusammenarbeit der Länder entlang der Balkan-Route von Griechenland über Serbien, Kroatien, Slowenien bis nach Österreich und Deutschland zu verbessern. Über diese Route kommen Zehntausende

Flüchtlinge, wobei chaotische Zustände an den Grenzen herrschen. Juncker besteht darauf, dass künftig keine Flüchtlinge mehr ohne Abstimmung zu ihren Nachbarstaaten weitergeleitet werden. Gleichzeitig will der Kommissionschef die Balkanländer dazu verpflichten, selbst mehr Flüchtlinge unterzubringen, zu versorgen und zu registrieren. Auch die Umverteilung von Flüchtlingen aus Italien und Griechenland müsse rasch beginnen. In Anlehnung an den bekannten Satz von Angela Merkel gibt Juncker am Beginn der Sitzung die Devise aus: »Für Gesamteuropa gilt, wir müssen das schaffen.«[78]

Doch das goutieren nicht alle Teilnehmer. Einigen Regierungschefs geht es weniger um die Frage eines besseren Managements der Flüchtlingsbewegung als vielmehr um ein schnelles Abriegeln der Grenzen. Jean Asselborn, der als Luxemburgs Außenminister und Vertreter des EU-Vorsitzlandes teilnimmt, beschreibt den Ablauf des Treffens ausgesprochen nüchtern. »Die erste Halbzeit war zum Teil unzumutbar. Man hat Uneuropäisches gehört.«[79] Einigen Ländern am Tisch sei es mehr darum gegangen, was man tun müsse, um sich abzuschotten, als sich den Herausforderungen zu stellen. »Das Problem ist ja, mit solchen Einstellungen gewinnt man Wahlen.« Die zweite Halbzeit des Treffens sei »rationaler« und »europäischer« gewesen, schildert Asselborn.[80]

Terror und Flüchtlinge – eine Zerreißprobe für Europa

Inmitten der Bemühungen, den Flüchtlingsandrang nach Europa zu regeln, kommt es am 13. November 2015 zu den schweren islamistisch motivierten Terroranschlägen an verschiedenen Orten in Paris mit 130 Toten und 683 Schwerverletzten. Zu den Anschlägen bekennt sich die terroristische Vereinigung »Islamischer Staat« (IS). In der breiten Öffentlichkeit werden sogleich Terror und Migration vermischt, Flüchtlinge werden als Sicherheitsproblem wahrgenommen. »Wenn man das tut, macht man einen kapitalen Fehler«, stellt Außenminister Asselborn klar. »Beim Kampf gegen den Terrorismus geht es um die Bekämpfung der Barbarei, der Feinde der europäischen Werte, bei der Migration muss Europa dagegen zeigen, dass es menschlich ist.«[81]

Die tödlichen Terroranschläge in Frankreich und der zunehmende Flüchtlingsstrom lassen den Ruf nach strengen Grenzkontrollen im Schengen-Raum immer lauter werden. Ein Papier der EU-Innenminister, das Anfang Dezember 2015 vorgelegt wird, sieht die Möglichkeit vor, dass Staaten ihre Grenzen bis zu zwei Jahre wieder kontrollieren können, wenn die Sicherheitslage es erfordert und die Außengrenzen nur mangelhaft geschützt sind. Reisen ohne Grenzkontrollen, das ist für viele Bürger die wohl größte Errungenschaft der EU. Nun bauen Länder wieder Zäune und führen Grenzkontrollen ein. »Schengen steht für Europa«, sagt Außenminister Jean Asselborn und fügt mit dramatischen Worten hinzu: »Scheitert Schengen, scheitert Europa.«[82] Für ihn als Luxemburger sind Grenzkontrollen nicht vorstellbar. In sein Land kommen täglich 170.000 Grenzgänger zur Arbeit, die kontrolliert werden müssten. Ein Horror: »Luxemburg«, warnt Asselborn, »würde ersticken.«

Ausgerechnet in dieser angespannten Situation verlangt EU-Ratspräsident Donald Tusk eine Kehrtwende in der Flüchtlingspolitik. Er plädiert für einen stärkeren Schutz und für eine stärkere Kontrolle der EU-Außengrenzen. Bisher sei es zu leicht, nach Europa zu gelangen. Das führe zu einem Sicherheitsrisiko, stellt Tusk fest.[83]

Kurz vor dem EU-Gipfel Mitte Dezember 2015 will die EU-Kommission die Staaten zu einem besseren Schutz der europäischen Außengrenzen auffordern. Brüssel hat einen Grenzschutz mit 1500 Mann vorgeschlagen. Er soll binnen drei Tagen eingreifen können – auch gegen den Willen des betreffenden Landes. Demnach sollen Länder, die aus Brüsseler Sicht ihre Außengrenzen nicht ausreichend bewachen, künftig Grenzschützer aus anderen Ländern akzeptieren. Dies könnte auch ohne Zustimmung des betreffenden Landes erfolgen. Die Frage, die sich alle stellen, ist, ob 1500 Grenzschützer die EU-Außengrenze von mehr als 14.000 Kilometern wirklich überwachen und schützen können. Die Zweifel sind groß.

Jean Asselborn sieht den Vorschlag nüchtern, er lehnt ihn aber nicht ab. »Ist ein Loch im Gefüge, so riskiert das ganze System Schengen zu bersten.« Darum müsse man sich auch Gedanken machen, »wie man nationale Kompetenzen durch europäische Kompetenzen ersetzen kann«.[84] Asselborn befürchtet allerdings, dass der Kommissionsvorschlag zu einer »Souveränitätsdebatte« führen werde. Was schließlich auch eintrifft. Starker Gegenwind kommt aus Polen, Ungarn und Griechenland.

Nach sechsmonatigem EU-Vorsitz Luxemburgs lässt der Flüchtlingsdruck nicht nach. Auch wenn es niemand so genau weiß, Schätzungen der Europäischen Stabilitätsinitiative, einer renommierten Migrationsdenkfabrik, gehen davon aus, dass es 2015 rund 1,6 Millionen irreguläre Grenzübertritte gegeben hat.[85] Sicherheitsfragen werden immer stärker thematisiert und sie werden von populistischen Politikern auch für nationale Zwecke instrumentalisiert.

Eine Änderung in der Flüchtlingspolitik zeichnet sich nach Ende der luxemburgischen Präsidentschaft weiterhin nicht ab. Beschlüsse werden gefasst, aber nicht umgesetzt. Der Chef des in Brüssel ansässigen Thinktanks »Carnegie Europe«, Jan Techau, analysiert trocken: »Die Europäische Kommission hat wichtige Vorschläge zur Lösung des Flüchtlingsproblems gemacht. Aber es fehlt der politische Wille der Mitgliedstaaten, diese auch umzusetzen. Die EU-Flüchtlingspolitik ist in gewisser Weise ein großer Bluff. Die EU-Regierungen machen nicht nur den Menschen, sondern auch sich selbst etwas vor, wenn sie etwas beschließen, das dann aber in der Praxis nicht standhalten kann.«[86]

Dabei geht es ja nicht nur um die Verteilung von Flüchtlingen. Es fehlen Registrierungszenten in den Ankunftsländern von Migranten. Nicht einmal die Hälfte jener Flüchtlinge, die nicht asylberechtigt sind, können abgeschoben werden, weil Rücknahme-Abkommen mit den Herkunftsländern fehlen, immense bürokratische Hürden bestehen und sichere, geschützte Lager in Drittstaaten fehlen.

Beschlossen werden auch Milliarden Euro für Afrika, einen Kontinent mit rund einer Milliarde Menschen: Die EU will den Herkunftsstaaten der Flüchtlinge zur Ankurbelung der Wirtschaft und bei der Bekämpfung von Schleuserbanden unter die Arme greifen. Dazu wird bei einem Sondergipfel der Staats- und Regierungschefs Mitte November 2015 auf Malta ein Treuhandfonds für Afrika in Höhe von 3,6 Milliarden Euro aufgelegt und ein Hilfsfonds für Syrien von einer Milliarde Euro. Die EU-Kommission und die Mitgliedsländer wollen jeweils die Hälfte zahlen. Brüssel kommt umgehend seinen Verpflichtungen nach, die Länder haben bis Ende 2015 gerade einmal 130 Millionen Euro zusammengebracht.

Gefordert ist der EU-Vorsitz Luxemburgs aber nicht nur in der Flüchtlingsfrage. Auch in puncto Rechtsstaatlichkeit, ein konstitutives Element der EU, ist die Regierung des Großherzogtums gefordert. Polens neue Parlamentsmehrheit des nationalkonservativen Parteiführers Jarosław Kaczyński von der Partei »Recht und Gerechtigkeit« schickt sich mit der tatkräftigen Unterstützung des Präsidenten Andrzej Duda an, das Verfassungsgericht lahmzulegen, indem Verfassungsrichter eingesetzt werden, die der Regierung genehm sind. Durch neue Gesetze soll auch der öffentliche Rundfunk auf Linie gebracht werden. Die Kritik in der EU an diesen Entwicklungen wird immer lauter, ebenso der Ruf nach einem Verfahren wegen Verletzung europäischer Verträge. Das kann in letzter Konsequenz in ein Verfahren nach Artikel 7 des Vertrages über die Europäische Union münden.

Außenminister Jean Asselborn kennt kein Pardon, wenn es um Rechtsstaatlichkeit geht. »Wir dürfen nicht davor zurückschrecken, mit dem Finger auf diejenigen Länder zu zeigen, in denen Grundrechte und Verfassung mit Füßen getreten werden.«[87] Auf die Kritik aus Warschau, Asselborn habe kein Recht, sich in innere Angelegenheiten einzumischen, erwidert Luxemburgs Chefdiplomat gelassen: »Wenn europäische Grundrechte ausgehebelt werden, ist das keine Einmischung in innere Angelegenheit eines Mitgliedslandes, dann muss das unser aller Sorge sein.«

Noch ein Streit beschäftigt die luxemburgische Ratspräsidentschaft und rüttelt an den Grundfesten der EU: der Außenhandel, wenn auch nur am Rande. Es geht um den Abschluss der Verhandlungen über das transatlantische Freihandels- und Investitionsabkommen (TTIP), der aber bis Ende 2015 unrealistisch scheint. Das betont auch Außenminister Jean Asselborn kurz vor Übernahme des EU-Vorsitzes: »Ich sehe weder in der Substanz noch im Prozess eine Chance, dass unter luxemburgischer Präsidentschaft die TTIP-Verhandlungen abgeschlossen werden.« Seit Juli 2013 verhandelt die EU mit den USA über den Freihandelsvertrag. Mit rund 800 Millionen Verbrauchern würde so der weltgrößte Wirtschaftsraum entstehen. Täglich werden zwischen Europa und den USA Waren und Dienstleistungen im Wert von zwei Milliarden Euro gehandelt. Das ist die Zahl, die 2015, zum Zeitpunkt der Verhandlungen, veröffentlicht wird.[88] Nichtregierungsorganisationen befürchten eine Verschlechterung von Standards. Die Verhandlungen werden 2016 ohne Ergebnis beendet. Seither ruhen die Gespräche zwischen der EU und den USA.

Auch 2016 sind Flüchtlinge das beherrschende Thema

Als Luxemburg die EU-Präsidentschaft Anfang 2016 an die Niederlande abgibt, bleibt Migration das alles beherrschende Thema. Außenminister Jean Asselborn betont beharrlich, dass ein Land allein in der EU nichts bewirken könne, sondern immer nur mit anderen. »Gemeinsamkeit« – das ist sein Credo.

Trotz des Winters strömen die Menschen weiter nach Europa. 1,8 Millionen Flüchtlinge, so die Schätzung internationaler Organisationen, werden 2016 in der EU erwartet. Das Ringen um die Aufnahme und die Verteilung von Migranten geht weiter. Seit Monaten schart die deutsche Bundeskanzlerin Angela Merkel EU-Kollegen um sich, die mit ihr in der Flüchtlingskrise an einem Strang ziehen sollen. Die »Koalition der Willigen« trifft sich regelmäßig vor den EU-Gipfeln. »G-8« wird der Klub zunächst genannt, dem Belgien, Deutschland, Finnland, Griechenland, Luxemburg, die Niederlande, Österreich und Schweden angehören. Bald stoßen Frankreich, Portugal und Slowenien dazu. Diese Länder treffen sich auf Einladung des damaligen österreichischen Bundeskanzlers Werner Faymann (SPÖ) in der österreichischen EU-Vertretung in Brüssel. Doch lange hält diese Koalition nicht. Differenzen gibt es nach wie vor über die Umverteilung von Flüchtlingen. Außerdem wird der Druck Ankaras immer stärker, der Türkei Zehntausende Flüchtlinge abzunehmen. Die türkische Regierung verlangt eine Lastenteilung für mehr als zwei Millionen Flüchtlinge im Land (das ist die Zahl von Anfang 2016; 2019/20 spricht man von 3,6 bis vier Millionen Flüchtlingen). Selbst das EU-begeisterte Luxemburg mauert zu diesem Zeitpunkt. »Illusorisch«, nennt es Außenminister Jean Asselborn, dass Hunderttausende freiwillig verteilt werden könnten. 50.000 hält er schließlich für möglich, wenn diese von den 160.000 aus dem Umverteilungsdeal abgezogen würden. Belgien, Frankreich und auch Österreich schließen eine Beteiligung aus. Österreich hat im Januar 2016 eine Aufnahmeobergrenze von 37.500 Flüchtlingen sowie strenge Grenzkontrollen an der österreichisch-slowenischen Grenze beschlossen.

»Mir graut's«

Die Visegrád-Länder Ungarn, Polen, Tschechien und die Slowakei treffen sich ebenfalls regelmäßig, um gegen alle Pläne der »Koalition der Willigen« und der EU-Kommission mobilzumachen. Um den Weg der Flüchtlinge über die Balkan-Route zu stoppen, fordert der damalige österreichische Außenminister Sebastian Kurz (ÖVP), die Grenzübergänge im Nicht-EU-Land Nordmazedonien dichtzumachen und Griechenland seinem Schicksal zu überlassen. Anfang März 2016 wird versucht, durch abgestimmte Beschlüsse von Nordmazedonien, Serbien, Kroatien, Ungarn und Slowenien die Westbalkan-Route zu schließen. Die Grenzkontrollen werden verstärkt und Politiker diverser Länder stellen triumphierend fest, die Balkan-Route sei dicht.

Die Zahlen zeigen das nicht. Einer der Vordenker des EU-Türkei-Deals, Gerald Knaus, beklagt zwei Jahre später, dass die Schließung der Balkan-Route eine »Illusion« gewesen sei. Ein Analyse-Bericht des österreichischen Verteidigungsministeriums weist Anfang 2020 aus, dass 46 Prozent der Migranten, die in die EU gekommen sind, die Balkan-Route genommen haben.[89]

Zurück zur Entwicklung der Flüchtlingsströme im Jahr 2016: Merkel lehnt eine Lösung des Flüchtlingsproblems ohne Athen als »uneuropäisch« ab, und Jean Asselborn äußert sich pessimistisch: »Wir haben keine Linie mehr, wir steuern irgendwie in die Anarchie hinein.«[90] Einen »Null-Effekt« ortet der luxemburgische Außenminister auch in der »Multiplikation« der europäischen Räte und Krisentreffen. Nicht ohne Ironie zitiert er in diesem Zusammenhang aus Goethes *Faust*: »Mir graut's.«[91]

Um den Zustrom von Flüchtlingen aus der Türkei nach Griechenland und dann weiter in die EU einzudämmen, verhandelt Bundeskanzlerin Merkel Anfang 2016 diskret mit der türkischen Regierung. Am 7. und 8. März 2016 findet ein EU-Türkei-Gipfel in Brüssel statt, bei dem ein Abkommen mit Ankara vereinbart wird. Am 18. März werden die Vorschläge bei einem Europäischen Rat einstimmig angenommen. Der »Merkel-Plan« oder der »Türkei-Deal«, wie die Beschlüsse seither genannt werden, umfasst in erster Linie finanzielle Hilfe für die Flüchtlinge in der Türkei. Drei Milliarden Euro werden Organisationen zugesichert, die in der Türkei in der Flüchtlingsbetreuung tätig sind. Weitere drei Milliarden Euro Hilfsgelder werden bis Ende 2018 zugesagt. Ein weiterer Punkt des Abkommens ist auch, dass »irreguläre Migranten«, die auf griechischen Inseln ankommen und kein Asyl beantragen oder deren Antrag abgelehnt wird, auf Kosten der EU in die Türkei zurückgebracht werden. Für jeden syrischen Flüchtling, der von Griechenland in die Türkei zurückgestellt wird, soll ein anderer syrischer Flüchtling aus der Türkei in die EU umgesiedelt werden. Im Gegenzug verspricht die EU der Türkei eine Modernisierung des Zollabkommens sowie die Beschleunigung der Verhandlungen über die Aufhebung der Visumspflicht für türkische Bürger bei ihrer Einreise in die EU.

Ein Schock für die EU-Regierungen ist der gescheiterte Putschversuch in der Nacht vom 15. auf den 16. Juli 2016 in der Türkei, der von Teilen des türkischen Militärs ausgeführt wird mit dem Ziel, die Regierung mit Staatspräsident Recep Tayyip Erdoğan zu stürzen. Hält der EU-Türkei-Deal oder nicht? – das ist die bange Frage. Außenminister Jean Asselborn ruft zur Vernunft auf: »Ich erwarte mir, dass der Staatspräsident (Erdoğan, Anm.) und alle Politiker sich besinnen und fragen, warum nach 1980 wieder ein Militärputsch stattfand«, sagt Asselborn vor einem EU-Außenministertreffen am 18. Juli 2016 in Brüssel.[92] Viele Menschen seien in der Türkei auf die Straße gegangen, »um die Demokratie zu verteidigen. Das muss respektiert werden«, sagt Asselborn. Er wendet sich gleichzeitig aber auch gegen die in der Politik und in der Öffentlichkeit weit verbreitete Forderung, die seit 2005 laufenden Beitrittsverhandlungen wegen der repressiven Politik der Regierung in Ankara abzubrechen.

»Wir müssen an die Menschen in der Türkei denken, viele setzen ihre Hoffnungen in die Europäische Union«, bekundet der Außenminister in einem Interview mit der *Süddeutschen Zeitung*.[93] Die EU müsse sich überdies fragen, welcher Einfluss ihr noch bleibe, wenn sie die Verhandlungen stoppe. »Mir geht es dabei nicht um das Flüchtlingsabkommen«[94], betont Asselborn. Entscheidend sei, eine europäische Perspektive für die Türkei zu erhalten. Das hänge allerdings auch von der weiteren Entwicklung in dem Land ab.

Zu einem heftigen Schlagabtausch zwischen Jean Asselborn und seinem ungarischen Amtskollegen Péter Szijjártó kommt es Mitte September 2016. Anlass ist ein Interview des luxemburgischen Chefdiplomaten in der Tageszeitung *Die Welt*, in dem er dem ungarischen Premier Viktor Orbán eine massive Verletzung der Grundwerte der EU vorwirft. »Wer wie Ungarn Zäune gegen Kriegsflüchtlinge baut oder wer die Pressefreiheit und die Unabhängigkeit der Justiz verletzt, der sollte vorübergehend oder notfalls für immer aus der EU ausgeschlossen werden«, fordert Asselborn darin.[95] Dies sei die einzige Möglichkeit, um den Zusammenhalt und die Werte der EU zu bewahren. Der Außenminister empört sich in dem Interview über den Zaun, den Ungarn entlang seiner Grenze zu Serbien baut, um Flüchtlinge abzuwehren. Der Zaun werde »immer länger, höher und gefährlicher. Ungarn ist nicht mehr weit weg vom Schießbefehl gegen Flüchtlinge.« Und weiter: »Wenn Ungarn heute EU-Mitglied werden wollte, hätte es keine Chance, aufgenommen zu werden. Typen wie Orbán haben uns eingebrockt, dass die EU in der Welt dasteht wie eine Union, die sich anmaßt, nach außen Werte zu verteidigen, aber nach innen nicht mehr fähig ist, diese Werte auch aufrechtzuerhalten.« Der Außenminister verlangt in dem Interview, dass die Regeln so geändert werden, dass die Suspendierung der Mitgliedschaft eines EU-Landes künftig keine Einstimmigkeit mehr erfordert.

Die Aufregung nach diesen Aussagen Jean Asselborns ist groß, obwohl er nur ausgesprochen hat, worüber andere Politiker beredt schweigen. Erbost reagiert der ungarische Außenminister. Er bezeichnet Asselborn als »unernste Figur«, die sich »schon längst selbst aus der Reihe der ernst zu nehmenden Politiker ausgeschlossen« habe. Der Luxemburger sei »belehrend, arrogant und frustriert«.[96]

Auch der damalige österreichische Außenminister Sebastian Kurz erklärt, er könne dem Vorschlag Asselborns »sehr wenig abgewinnen«. Ungarn sei EU-Mitglied, es brauche »Respekt«, um das »Friedensprojekt Europa« nicht zu gefährden. Der lettische Außenminister Edgars Rinkēvičs wirft Asselborn »Megaphon-Diplomatie« vor oder »zu radikale Statements«.[97] Der tschechische Ministerpräsident Behuslav Sobotka qualifiziert die Forderung Asselborns als »Unsinn«. Niemand werde aus der EU ausgeschlossen.[98]

Jean Asselborn selbst reagiert gelassen auf die Welle von Kritik: »Ich kann nicht verlangen, dass ich Beifall bekomme. Es ist etwas unkonventionell, was ich gemacht habe, für viele vielleicht schockierend«, sagt er im *Deutschlandfunk*.[99] Seine Äußerungen seien ein »plumper Aufschrei« gewesen, »aber ich stehe zu dem, was ich gesagt habe«. Wenige Tage vor einem Sondertreffen der Minister in Bratislava zeigt Asselborn mit drastischen Worten auf, wie »fundamental gespalten« die EU ist. Es gebe diejenigen Mitgliedstaaten, die der Globalsierung mit einem besser funktionierenden Europa begegnen wollten, und diejenigen, die auf Renationalisierung pochten. »Hier gibt es keinen Konsens.«[100]

Nur wenige Tage nach dem Wirbel über Asselborns Aussagen findet in Ungarn ein Referendum über die Frage statt, ob die EU Ungarn verbindliche Quoten für die Aufnahme von Flüchtlingen vorschreiben kann. Ministerpräsident Viktor Orbán erhofft sich von der Volksabstimmung großen Rückhalt für seine Position. Die Wähler strafen ihn aber ab. Nur 45 Prozent der Wahlberechtigten nehmen daran teil, erforderlich wären aber 50 Prozent. Der Sozialdemokrat Asselborn quittiert dieses Ergebnis mit Freude: »Das ungarische Volk hat sich europäischer als seine Regierung gezeigt.«[101]

Keine Ruhe lassen dem Außenminister nicht nur die Flüchtlingsbewegungen und die Ablehnung einer solidarischen Lösung durch etliche EU-Staaten. Zum Debatten-Dauerbrenner gehört auch die Türkei. Nach dem gescheiterten Putschversuch im Sommer hat Staatspräsident Recep Tayyip Erdoğan einen Ausnahmezustand verhängt und repressive Maßnahmen gegenüber Oppositionspolitikern ergriffen, die reihenweise verhaftet werden. Da die Beitrittsverhandlungen mit der Regierung in Ankara bereits theoretisch ausgesetzt sind, bringt der Außenminister Wirtschaftssanktionen gegen Ankara ins Spiel. Denn: »50 Prozent der Exporte der Türkei gehen in die Europäische Union, 60 Prozent der Investitionen in der Türkei kommen aus der EU. Das ist ein absolutes Druckmittel. Und in einem gewissen Moment kommen wir nicht daran vorbei, dieses Druckmittel einzusetzen, um die unsägliche Lage der Menschenrechte zu konterkarieren.«[102]

23. Juni 2016: Brexit-Referendum – ein schwarzer Tag für die EU

»Auch das noch!« – Jean Asselborn schlägt die Hände über dem Kopf zusammen. Während seiner ganzen Amtszeit hätte er keine Sekunde daran gedacht, dass Großbritannien eines Tages aus der EU austreten könnte. Das Brexit-Referendum am 23. Juni 2016 ist wahrlich eine Zäsur in der Geschichte der Europäischen Union. An diesem Sommertag stimmen 51,9 Prozent der Wähler für den EU-Austritt des Vereinigten Königreiches, 48,1 Prozent votieren für den Verbleib. Eine knappe Mehrheit reicht bei einem Volksentscheid aus. Somit steht fest: Der Brexit kommt. Der formale Austritt der Briten erfolgt schließlich nach sehr langem Hin und Her am 31. Januar 2020.

Die Briten haben von Anfang an eine skeptische Haltung gegenüber der Europäischen Union. Unter Protest der Labour Party ist das Vereinigte Königreich 1972 der EU beigetreten. Drei Jahre später kommt es zu einem ersten Referendum, bei dem 67 Prozent der Wähler für den Verbleib stimmen. Doch die EU-Kritiker in Großbritannien verstummen nicht. Die EU-feindliche UK Independence Party (UKIP) kann in den 2000er-Jahren mit Desinformation und Lügen politisch aufsteigen. Bei der Europa-Wahl 2014 holt UKIP 28 Prozent der Stimmen und wird stärkste britische Partei im Europäischen Parlament. 2013 kann die britische Regierung unter dem konservativen Premierminister David Cameron die Forderungen nach einem EU-Austritt nicht länger ignorieren. Cameron hat ein Brexit-Referendum zuvor mehrfach abgelehnt, verspricht die Abstimmung dann aber, falls er 2015 wiedergewählt werden sollte. Nach der Wahl lässt er den Volksentscheid vorbereiten.

Die politischen Kräfte haben sich seit dem ersten Referendum in den 1970er-Jahren verschoben: Die einst EU-kritische Labour Party ist nun in Teilen für den Verbleib in der Europäischen Union, die Führung unter Jeremy Corbyn bleibt jedoch EU-skeptisch. Für den Austritt werben die politische Rechte und zunehmend auch konservative Politiker. Zentrale Figur der sogenannten »Leave-Kampagne« ist der UKIP-Vorsitzende Nigel Farage, der schnell als »Mister Brexit« gilt. Bald schließt sich der ehemalige Bürgermeister von London Boris Johnson an. Er ist der bis dahin prominenteste Brexit-Befürworter in der Conservative Party und führt das Vereinigte Königreich mit Ende Januar 2020 auch als Premier aus der EU.

Im Wahlkampf warnt die Leave-Bewegung vor einer Überfremdung Großbritanniens, fordert eine Begrenzung der Zuwanderung und ein strenges Asylrecht. Die EU beute das Vereinigte Königreich finanziell aus und raube dem Staat das Recht auf Selbstbestimmung, heißt es in der Kampagne. »Lasst uns die Kontrolle zurückgewinnen« (»Let's take back control«), lautet einer ihrer Slogans.

Außenminister Jean Asselborn glaubt, dass »das Brexit-Referendum ohne die Finanz- und Wirtschaftskrise von 2008 und ihre verheerenden sozialen Konsequenzen keinen Erfolg gehabt hätte. Die Verlierer der Globalisierung haben für den Brexit gestimmt, die Einwanderer wurden zum Sündenbock.«

Für Großbritanniens Verbleib in der EU wirbt Premier David Cameron. Die EU kommt der Regierung in London entgegen und verspricht im Falle des Verbleibes strenger geregelte Sozialleistungen für EU-Einwanderer und Migranten in Großbritannien. Außerdem wird dem Inselreich zugesichert, dass es in keine engere politische oder wirtschaftliche Union gedrängt werden dürfe. Auch alle bisherigen Ausnahmeregelungen würden bleiben können – etwa der große Finanzrabatt, Opt-outs wie die Teilnahme an der dritten Stufe der Wirtschafts- und Währungsunion, also kein Euro, kein Schengen-Raum, keine gemeinsame Außen- und Sicherheitspolitik, keine gemeinsame Innen- und Justizpolitik sowie keine Gültigkeit der Charta der Grundrechte der EU. Nach dem Referendum herrschen große Unsicherheit und politisches Chaos in Großbritannien. Im Oktober 2016 tritt David Cameron als Premierminister zurück. Seine Nachfolgerin Theresa May übernimmt die Verhandlungen über ein Abkommen zum Austritt mit der EU. Als Brexit-Datum steht zunächst der 29. März 2019 fest. Doch dieser Termin wird immer wieder verschoben, weil das Unterhaus die Zustimmung zu der mit der EU ausgehandelten Austrittsvereinbarung versagt. Zugleich werden immer wieder Forderungen nach einem neuen Brexit-Referendum laut, weil Kritiker katastrophale Folgen eines ungeordneten Austritts fürchten. In London herrscht Chaos pur.

Theresa May tritt schließlich im Juli 2019 als Premierministerin zurück. Wiederholt ist es ihr nicht gelungen, das Brexit-Abkommen durch das britische Parlament zu bringen. Der neuerliche Austrittstermin Ende Oktober 2019 wird wegen der Regierungskrise nicht eingehalten.

Mays Nachfolger Boris Johnson siegt mit gewaltigem Vorsprung bei den Unterhaus-Neuwahlen am 12. Dezember 2019 und bekräftigt

Im Helikopter von Masar-e Scharif nach Kabul Anfang 2019: Jean Asselborn macht sich ein Bild über die Lage in Afghanistan, einem Herkunftsland vieler Migranten

das Austrittsdatum mit 31. Januar 2020. Eine Übergangsperiode soll noch bis Ende 2020 dauern. In diesem Zeitraum soll ein Abkommen mit der EU über die wirtschaftliche und politische Zusammenarbeit verhandelt werden, um einen No-Deal-Brexit zu verhindern.

Brexit: »Nicht nur Schreckgespenst, sondern positive Kraft für die Zukunft«

Wie alle anderen EU-Mitgliedsländer bedauert auch Luxemburg, dass – und wie – es zum Brexit kam. »Das Vereinigte Königreich war in vielen Bereichen ein wichtiger Partner der EU. Wir haben uns gemeinsam für einen offenen und wettbewerbsfähigen Binnenmarkt eingesetzt«, sagt Außenminister Jean Asselborn. Den Austritt nur zu bedauern bringe allerdings nichts – dessen ist sich der Luxemburger bewusst. »In einem Moment, wo es jedoch darum geht, die großen

Probleme und Herausforderungen unserer Zeit gemeinsam anzugehen, sehe ich im Brexit weder einen Mehrwert für das Vereinigte Königreich noch für die EU. Der Brexit antwortet auf keines unserer gemeinsamen Probleme.« Asselborn ist überzeugt davon, dass »der Brexit nicht der Anfang vom Ende der EU ist, im Gegenteil. Denn so wie der Brexit sicher die EU auf internationaler Ebene schwächt, hat er auch schon dazu beigetragen, die verbleibenden 27 zu einen und enger aneinanderzuschweißen. Nicht nur als Schreckgespenst, sondern auch als positive Kraft für die Zukunft«, gibt sich Asselborn zuversichtlich und in einem ganz sicher: »Vor allen Dingen wird der Brexit aber wohl das Vereinigte Königreich politisch und wirtschaftlich schwächen«, lautet seine Prognose.

Splendid Isolation: Der Sonderfall Großbritannien

Geben und Nehmen – das war nicht wirklich das Prinzip britischer EU-Politik. »Wirtschaftlich wollten die Briten immer so weit wie möglich Vorteile herausschlagen, saßen aber, wenn es um politische Integration ging, konsequent auf der Bremse und haben in manchen Bereichen eine Vertiefung der Zusammenarbeit behindert«, analysiert Jean Asselborn. »Je mehr die EU sich über die Jahre neue Verträge gab, um die Integration zu vertiefen, desto mehr wuchs auch das Unbehagen im Königreich und die Angst vor einer politischen Union und einem gleichzeitigen Souveränitätsverlust. So wie der Binnenmarkt und die Erweiterung Prioritäten für die Briten waren, waren Vertiefung sowie die Außen- und Sicherheitspolitik der EU zweitrangig für das Vereinigte Königreich«, legt Jean Asselborn in einem unserer Gespräche dar. In puncto Sicherheit und Verteidigung waren und sind für London das aktive Engagement der USA in Europa sowie eine starke NATO immer wichtiger als der Aufbau einer eigenen europäischen Sicherheitsarchitektur. »Auf bilateraler

Ebene«, betont Asselborn, »wird Frankreich aber weiterhin ein wichtiger sicherheitspolitischer Partner für das Königreich bleiben.« Das Ziel »einer immer engeren Union (ever closer union) war London schon immer ein Dorn im Auge. Westminster sollte ›souverän‹ bleiben, so als ob andere nationale Parlamente in der EU das nicht auch sein wollen«, erklärt der Außenminister.

Ob es ein politischer Fehler von David Cameron war, aus parteiinternen und wahltaktischen Gründen ein Referendum einzuberufen, wird sich in den kommenden Jahren zeigen. »Die EU war immerhin bereit, Cameron weitere Zugeständnisse vor dem Referendum zu machen, um die Abstimmung zu gewinnen. Aber wenn Politiker und Medien über Jahrzehnte zu Hause Schlechtes über die EU predigen, dann darf man sich nicht wundern, wenn das Resultat nicht das ist, was man sich erhofft hat. Aber genau das ist passiert, und wir müssen jetzt alle mit dieser Realität zurechtkommen. Die Welt dreht sich aber weiter, und wir Europäer haben ein großes Programm und große Herausforderungen in den kommenden Jahren zu bewältigen.«

Außenminister Asselborn scheut sich nicht davor, den Inselbewohnern und ihren Politikern eine selbstkritische Betrachtung zu empfehlen. »Vielleicht täten unsere britischen Freunde gut daran, nach dem Brexit ein bisschen Introspektion zu betreiben, um sich darüber klar zu werden, wo ihre Interessen liegen. Auf jeden Fall sind wir Europäer bereit, eng mit ihnen zusammenzuarbeiten, falls sie das in der Zukunft wünschen. Ich denke, dass dies absolut in beiderseitigem Interesse ist. Die Geografie und die gemeinsame Geschichte werden sich auf jeden Fall nicht ändern.«

Nach dem Schock des Brexit-Referendums im Sommer 2016 und der fortdauernden ungelösten Flüchtlingsfrage kommt die EU nicht zur Ruhe. Zahlreiche Vorschläge, wie Migranten am Zuzug nach Europa gehindert werden könnten, machen die Runde. Anfang 2017 sorgt eine Idee des damaligen österreichischen Außenministers

Sebastian Kurz für heftige Debatten. Er will Flüchtlinge aus Syrien, dem Irak oder aus dem Libanon auf einer gemieteten Insel einpferchen.[103] Das geht dem luxemburgischen Außenminister entschieden zu weit. »Dieser Plan gehört für mich zum rechtsnationalen Gedankengut«, empört sich Jean Asselborn. Und einmal mehr betont Asselborn in der Auseinandersetzung mit Kurz, dass die »Willkommenskultur von Angela Merkel richtig gewesen ist«.

Standhaft vertritt der Sozialdemokrat seine Positionen – nicht nur in Bezug auf eine humane Flüchtlingspolitik, sondern auch in Fragen der Rechtsstaatlichkeit. Nicht nur Ungarn hat er im Visier, sondern auch Polen, wo der Chef der rechtsnationalen Regierungspartei PiS, Jarosław Kaczyński, dabei ist, die Unabhängigkeit der Justiz einzuschränken. »Das heutige Polen unter Jarosław Kaczyński könnte nicht mehr EU-Mitglied werden, weil es nicht mehr die Kopenhagener Kriterien respektiert, die jedes Land vor einem EU-Beitritt erfüllen muss«, erklärt Jean Asselborn.[104]

Indessen wird das Ringen um Flüchtlingsquoten vor dem Europäischen Gerichtshof (EuGH) in Luxemburg ausgetragen. Die Richter beschäftigen sich mit den Klagen Ungarns und der Slowakei gegen die Verpflichtung, Flüchtlinge aus den Hauptankunftsländern Italien und Griechenland aufzunehmen. Im Herbst 2017 werden die Urteile gesprochen.

6. September 2017: Knalleffekt im Streit um die Flüchtlingsquote

Die Slowakei und Ungarn sind verpflichtet, Flüchtlinge nach einem bestimmten Verteilungsschlüssel aufzunehmen. Das entscheidet der Europäische Gerichtshof mit seinem Richterspruch. Die Regierungen in Bratislava und Budapest hatten im Herbst 2015 Klage beim EuGH eingereicht mit der Begründung, dass der von der EU beschlossene

Umverteilungsmechanismus im Widerspruch zur Gipfel-Erklärung der europäischen Staats- und Regierungschefs vom Juni 2015 stehe. Das weisen die Höchstrichter zurück. Eine entsprechende von der EU beschlossene verbindliche Aufnahmequote sei rechtens. »Der Mechanismus unterstützt Griechenland und Italien dabei, mit den Auswirkungen der Flüchtlingskrise umzugehen«, heißt es in der Urteilsbegründung.[105]

Nach dem Beschluss der EU-Innenminister am 22. September 2015 sollen die Mitgliedsländer zur Entlastung Italiens und Griechenlands bis zu 120.000 Flüchtlinge anhand eines Schlüssels unterbringen. Die Entscheidung ist gegen den Willen der Slowakei, Ungarns, Tschechiens und Rumäniens gefallen. Nach Ansicht dieser Länder untergräbt die Verpflichtung ihre staatliche Souveränität und gefährdet in Zeiten von Terroranschlägen die Sicherheit der Bürger. Dementsprechend nehmen Ungarn und die Slowakei auch so gut wie keine Flüchtlinge auf.

Es zeichnet sich schon vor dem Urteilsspruch des EuGH ab, dass den Beschwerden aus Bratislava und Budapest nur geringe Chancen eingeräumt werden, nachdem der Generalanwalt des EuGH eine Umverteilung innerhalb der EU empfohlen hat. Er bezeichnet den Verteilungsmechanismus in seinem Schlussantrag vor dem EuGH in Luxemburg als »wirksam« und »verhältnismäßig« und betont den Beitrag, den die Umverteilung zur Bewältigung der Krise leiste.

Der endgültige Urteilsspruch des Europäischen Gerichtshofes über die Verteilung von Flüchtlingen aus Griechenland und Italien wird am 2. April 2020 gefällt. Demnach haben Polen, Ungarn und Tschechien in der Flüchtlingskrise gegen EU-Recht verstoßen. Die drei Länder hätten sich nicht weigern dürfen, den Mehrheitsbeschluss der EU-Mitglieder von September 2015 zur Verteilung von Asylwerbern aus Griechenland und Italien umzusetzen, urteilen die Luxemburger Richter.

Ein Strafmaß gibt der EuGH jedoch noch nicht bekannt. Dazu müsste die EU-Kommission das Gericht erneut anrufen und finanzielle Sanktionen beantragen. Dann würde der Gerichtshof die Höhe der Strafe berechnen. Dabei werden Dauer und Schwere des Verstoßes berücksichtigt, aber auch die Wirtschaftskraft des Landes.

Außenminister Jean Asselborn begrüßt das EuGH-Urteil. »Herr Orbán und Konsorten stellen eindeutig die Solidarität bei den Asylregeln infrage«, sagt er unmittelbar nach der Urteilsverkündung. »Ungarn, Polen und Tschechien stellen auch eine humane Behandlung von Flüchtlingen infrage«, fügt er hinzu. »Jetzt kommt es zum Test, ob die drei Länder die europäische Demokratie akzeptieren oder mit Füßen treten.«[106]

Der rechtsnationale Ministerpräsident Ungarns, Viktor Orbán, ist aber schon lange vor der Urteilsverkündung und mehrmals wegen seiner Haltung in der Flüchtlingsfrage mit anderen EU-Staaten sowie mit der EU-Kommission aneinandergeraten. Abgeblitzt ist er mit seinem Ansinnen bei der Brüsseler Behörde, die Ausgaben für den Bau des Grenzzaunes zu Serbien und für dessen Betrieb zur Hälfte retourniert zu bekommen. Er präsentiert der EU-Kommission eine Rechnung von 400 Millionen Euro. Die Kommission lehnt ab.

Etliche europäische Politiker, vor allem jene aus Nettozahler-Ländern, erwarten nach dem EuGH-Urteil dessen Umsetzung. Der ehemalige EU-Parlamentspräsident Martin Schulz erklärt in einem ARD-Interview, dass er nicht einsehe, dass Deutschland als größter Nettozahler den EU-Haushalt fülle, während Staaten, die Geld aus dem Haushalt erhalten, einfach sagen, »die Flüchtlinge könnt ihr für euch behalten«.[107]

Die Flüchtlingsfrage bleibt weiterhin ungelöst. Eine Endlos-Geschichte der Europäischen Union läuft weiter – und sie bekommt durch die Entscheidung des Europäischen Rates im Juni 2018 eine neue Facette, die nämlich auf die Freiwilligkeit in der Flüchtlingsfrage abzielt. Das macht Jean Asselborn ziemlich wütend: »Auf

Freiwilligkeit zu setzen war ein kapitaler Fehler des Europäischen Rates. Und ich weiß auch nicht, wie wir da wieder rauskommen. Wenn es zum Beispiel um die Aufnahme von Bootsflüchtlingen aus Malta oder Italien geht, gibt es vier, fünf oder sechs Länder, die sich erbarmen und die Menschen aufnehmen. Luxemburg gehört immer dazu. Alle anderen sagen ›nein‹. Das ist nicht unsere Sache, das darf sich Europa nicht leisten.«

EU-Kommission lanciert das schwerste Strafverfahren gegen Polen und Ungarn

Auch die Rechtsstaatsverfahren gegen Polen und Ungarn ziehen sich hin. Was Jean Asselborn schon sehr früh aufzeigt und kritisiert, nämlich dass Warschau die Justiz – und damit die Rechtsstaatlichkeit – durch umstrittene Gesetze mehr und mehr aushöhlt, wird zu einem Problem der Glaubwürdigkeit für die gesamte Union.

Bereits im August 2017 wird der Ruf nach einem Artikel-7-Verfahren gegen Polen laut. Um so einen Prozess allerdings einzuleiten, braucht die Kommission eine Mehrheit von vier Fünfteln der EU-Mitglieder (22 von 28 EU-Mitgliedern), der Entzug der Stimmrechte selbst setzt dann Einstimmigkeit der Mitgliedsländer über eine »schwerwiegende und anhaltende Verletzung« europäischer Werte voraus. Mit dem EU-Strafverfahren, das im letzten Schritt sogar mit einem Entzug der EU-Stimmrechte enden könnte, soll die rechtskonservative polnische Regierung dazu bewegt werden, die Unabhängigkeit der Justiz zu garantieren.

Nach zwei Jahre dauernden Bemühungen, einen konstruktiven Dialog mit Polen über die Justizreform zu führen, erkennt die EU-Kommission, dass »die eindeutige Gefahr einer schwerwiegenden Verletzung der Rechtsstaatlichkeit gegeben ist«.[108] Am 20. Dezember 2017 löst die Kommission ein Artikel-7-Verfahren aus. Innerhalb von zwei Jahren hat Polen mehr als 13 Gesetze verabschiedet, die sich auf die gesamte Struktur des polnischen Justizsystems auswirken.[109]

Die polnische Regierungspartei PiS beschließt in der Folge weitere Gesetze, um parteipolitischen Einfluss auf Richter und Gerichte zu gewinnen. Die EU-Kommission hat bis heute mehrere Vertragsverletzungsverfahren eröffnet und Klagen beim Europäischen Gerichtshof erhoben.

Die Möglichkeit, dass die »Atombombe« gezündet wird, wie das Artikel-7-Verfahren im EU-Jargon heißt, ist jedoch sehr gering. Alle Mitgliedsländer müssen sich dafür aussprechen, Ungarn und auch andere EU-Staaten halten Polen die Stange.

Nicht nur Polen, sondern auch Ungarn steht unter Dauerbeobachtung. Am 20. Juni 2018 beschließt eine überwältigende Mehrheit von Abgeordneten in Budapest ein Gesetz, das für Flüchtlingshelfer Gefängnisstrafen vorsieht. Die rechtsnationale Regierung von Viktor Orbán nennt das Gesetz »Stop-Soros-Gesetz«. Mit der Bezeichnung ist der liberale US-Milliardär George Soros gemeint, der aus Ungarn stammt. Soros unterstützt verschiedene Organisationen der Zivilgesellschaft. Ungarns Regierung unterstellt Soros, die illegale Migration nach Europa zu fördern. Eine Plakatkampagne, in der Soros gemeinsam mit dem EU-Kommissionspräsidenten Jean-Claude Juncker diffamiert worden war, hat europaweit für Kritik gesorgt. Zeitgleich mit dem »Stop-Soros-Gesetz« wird eine Verfassungsänderung im Budapester Parlament angenommen, wonach künftig keine »fremde Bevölkerung« in Ungarn angesiedelt werden darf.

Noch in der Phase, in der über das Gesetzesvorhaben betreffend Repressionen gegen Flüchtlingshelfer heftig diskutiert wird, tut Außenminister Jean Asselborn seine Ablehnung kund. Er bezeichnet die treibende Kraft hinter dem Gesetz, Ungarns Ministerpräsidenten Viktor Orbán, als »Diktator«.[110] Orbáns Vorgehen gegen Flüchtlingsorganisationen »passt zu einem Diktator, dem der Machterhaltungstrieb wichtiger ist als jeglicher politische und moralische Anstand«.

Asselborn verlangt, dass »Artikel 7 mit Nachdruck aktiviert werden muss«.[III]

Im September 2018 fordert das Europäische Parlament den Rat auf, gemäß Artikel 7 des EU-Vertrages festzustellen, ob Ungarn Gefahr laufe, die Grundwerte der Union zu verletzen. Zentrale Bedenken der Abgeordneten sind die Unabhängigkeit der Justiz, Meinungsfreiheit, Korruption, Rechte von Minderheiten und die Situation von Migranten und Flüchtlingen. Im Falle Ungarns ist erstmals das Europäische Parlament aktiv geworden. Das letzte Wort hat aber der Ministerrat, wo es für die Einleitung des Verfahrens Einstimmigkeit braucht.

Polen, Ungarn, die EU-Verfahren gegen die Rechtsstaatlichkeit in diesen beiden Ländern, Probleme am Westbalkan, die Türkei sowie die Befürchtung, der Flüchtlingsstrom nach Europa könnte wieder zunehmen, dominieren bis heute die Agenda der EU.

Hilfe naht durch eine »Koalition der Willigen«

Einen kleinen Hoffnungsschimmer gibt es vier Jahre nach dem Höhepunkt der Flüchtlingskrise. Eine neue »Koalition der Willigen« trifft sich im September 2019 auf Malta und soll helfen, Flüchtlinge in Europa gerecht zu verteilen. Zu dieser Koalition gehören Deutschland, Frankreich, Italien, Malta und Finnland, das in der zweiten Jahreshälfte 2019 die EU-Ratspräsidentschaft innehat.

Dabei geht es vor allem um zwei Punkte: die Seenotrettung und die Verteilung der Geretteten. Es soll Schluss sein mit dem unwürdigen Streit, der immer wieder entsteht, sobald ein Rettungsschiff mit Flüchtlingen und Migranten vor der italienischen Küste auftaucht. Dieses Gerangel untergräbt nicht nur die moralische Glaubwürdigkeit der EU, die sich ja als Werte- und Prinzipiengemeinschaft definiert, es stärkt auch das Argument des italienischen

Rechtspopulisten Matteo Salvini, Italien werde von Europa im Stich gelassen.

In Malta einigen sich die Teilnehmer auf einen Verteilungsmechanismus. Deutschland nimmt ein Viertel der Schiffbrüchigen, Frankreich die gleiche Zahl, Italien jeden zehnten Geretteten, für den Rest werden Aufnahmeländer gesucht.

Etwas zumindest hat sich im Herbst 2019 gebessert: der Ton der Debatte in Italien. Lega-Chef und Innenminister Matteo Salvini wird zuvor gestürzt, eine neue Regierung von Fünf-Sterne-Bewegung und Sozialdemokraten wird gebildet, um Salvini von der Staatsmacht fernzuhalten. Sie ersetzt die alte Koalition aus rechtspopulistischer Lega und der Fünf-Sterne-Bewegung. Salvini verfolgte eine rigide Abschottungspolitik voller Fremdenhass. Das in Italien brisante Thema Flucht und Migration soll mit Europas Hilfe entschärft werden.

Der Haken an der Entscheidung von Malta ist, dass der Verteilungsschlüssel nur jene Flüchtlinge und Migranten umfasst, die von privaten Rettungsschiffen an Bord genommen werden. Wer von der europäischen Marine gerettet wird, muss in Italien bleiben, das gemäß der Dublin-Regeln für das Asylverfahren zuständig ist. 2018 landen insgesamt 8104 Migranten in Italien, so wenige wie lange nicht.

Vor diesem Hintergrund sinkender Flüchtlingszahlen ist eine Einigung auf einen Verteilungsschlüssel möglich und tut niemandem weh. Deswegen sieht Deutschlands Innenminister Horst Seehofer darin einen »temporären Notfallmechanismus«. Doch was passiert, wenn die Zahl der Flüchtlinge bald wieder steigt? Eine dauerhafte Verpflichtung wollen die Innenminister vermeiden. Die »Koalition der Willigen« hängt von den Flüchtlingszahlen ab und nicht von einer prinzipiellen Entscheidung.

Was die »Koalition der Willigen« nicht geschafft hat – und erst recht nicht alle Staats- und Regierungschefs –, ist eine Lösung für

Libyen. Wer sich mit der Lösung der Flüchtlingskrise befasst, muss zwangsläufig auch nach Libyen schauen, aber auch auf andere nord- und zentralafrikanische Staaten. Libyen ist ein wichtiges Transitland für Flüchtlinge und zugleich die Hölle für sie. Seit dem Sturz des libyschen Diktators Muammar al-Gaddafi im Jahr 2011 hat die EU keinen Weg gefunden, die Lage zu befrieden, skrupellose Akteure in Schach zu halten und für Flüchtlingsunterkünfte zu sorgen, die internationalen Standards entsprechen und nicht ein gesetzloses, riesiges Freiluft-Gefängnis sind. Hilfsorganisationen, wie UNHCR oder »Ärzte ohne Grenzen«, bestätigen, dass Schutz suchende Flüchtlinge gefoltert und misshandelt werden. Nicht selten kommt es auch zu Lösegelderpressung.

»Die EU kennt keine Apartheid«

Die Zustände in Libyen, im Besonderen aber auch die Situation der Flüchtlinge, machen Jean Asselborn tief besorgt. »In Libyen haben wir die Situation, dass rund 750.000 Menschen illegal im Land sind. Gemeinsam mit der UNO müssen wir die Menschen, die im Norden Libyens sind, in die südlichen Nachbarstaaten evakuieren – und von dort in die EU aufnehmen. Das sind Menschen, die schwerste Torturen mitgemacht haben«, stellt der Außenminister in einem unserer Gespräche fest. Erneut appelliert er an die EU-Mitglieder, Flüchtlinge aufzunehmen. »Ich verstehe nicht, warum Polen beispielsweise Ukrainer oder Weißrussen auf der Flucht aufnehmen würde, Nordafrikaner aber nicht. Alle sind gleich, alle sind Menschen. Die EU kennt keine Apartheid.«

Jean Asselborn verlangt, dass sich die Europäische Union verstärkt in alle diplomatischen Bemühungen einbringt, damit sich die Lage in Libyen verbessert. »Das ist in unserem ureigenen Interesse, denn Libyen liegt vor unserer Haustüre.« Der Außenminister ist

Jean Asselborn wird von seinem Freund, Staatspräsident François Hollande, im Élysée-Palast empfangen

auch dafür, dass die 2015 gestartete EU-Marinemission »Sophia«, die Zehntausende Menschen, deren Boote gekentert oder manövrierunfähig geworden waren, aus dem Mittelmeer geborgen und nach Europa gebracht hat, wieder aufgenommen wird. »Sophia« hatte aber auch zum Ziel, Schlepperbanden vor der libyschen Küste zu bekämpfen und Menschenhändlern das Handwerk zu legen.

Im März 2019 wird der Einsatz des Marineschiffes ausgesetzt. Grund ist der Streit um die Aufnahme der geretteten Flüchtlinge und Migranten in Europa. Seither ist nur noch Fluggerät über dem Mittelmeer im Einsatz. Hintergrund der Einstellung ist vor allem die harte Haltung von Italiens Innenminister Matteo Salvini im Streit um die Aufnahme der geretteten Menschen in Europa. Unterstützt wird Salvini auch von anderen rechtspopulistischen Politikern.

Nun soll »Sophia« den Fokus auf die Unterbindung von Waffentransporten in das Bürgerkriegsland richten. »Wir brauchen einen Waffenstillstand in Libyen, und dieser muss überwacht werden, das

Waffenembargo muss durchgesetzt werden«, sagt Außenminister Jean Asselborn ungeduldig. Der Kampf gegen Menschenschmuggler und Schlepper gehört ja bereits zu den Aufgaben von »Sophia«.

Doch aus den Bemühungen mancher EU-Außenminister, darunter selbstverständlich auch Asselborn, »Sophia« wieder voll einzusetzen, wird nichts. Nach langem Ringen kommen die EU-Außenminister am 17. Februar 2020 zu einer »Grundsatzentscheidung« für eine neue Mission[112], Ende März wird sie genehmigt. Dieser neue Einsatz unter dem Namen »Irene« wird nun im östlichen Mittelmeer durchgeführt. Mit Satelliten, Flugzeugen und Schiffen sollen Waffenlieferungen an den abtrünnigen Kriegsherrn General Chalifa Haftar ebenso unterbunden werden wie jene an die international anerkannte Regierung von Premier Fayez al-Sarraj. Sowohl die Türkei als auch die Vereinigten Arabischen Emirate liefern Kriegsgerät nach Libyen; zudem sind russische Söldner in dem Land aktiv.

Die EU-Mission »Sophia« fortzuführen, die viele Flüchtlinge im Mittelmeer gerettet hat, scheitert am Widerstand Österreichs und Ungarns. Auch Italien hat Probleme mit der Fortführung, weil viele Flüchtlinge, die auf dem Mittelmeer gerettet wurden, in Italien gelandet sind. Für die konservativ-grüne Regierung in Wien hat die Marineoperation »Sophia« einen »Pull-Faktor« für Flüchtlinge bedeutet, das heißt Menschen ermutigt, die Reise nach Europa zu wagen.

Außenminister Jean Asselborn stellt jedoch fest, dass es eine »Katastrophe« gewesen wäre, hätten die Europäer wegen der Blockade einiger Länder und wegen des Prinzips der Einstimmigkeit nichts zustande gebracht. Der Kompromiss sei mit »diplomatischer Vaseline« gelungen, bemerkt Luxemburgs Chefdiplomat. Die Einigung sei jedenfalls ein Versuch, bei der Lösung des Konflikts in Libyen eine Rolle zu spielen. Für Asselborn ist es nicht vorstellbar, dass die EU das Waffenembargo, über das sich 16 Staaten und internationale Organisationen im Januar 2020 bei einer Libyen-Konferenz in Berlin verständigt hatten, nicht überwacht, nur weil ihre Schiffe »einige Hundert Menschen retten« müssten.[113] Er weist auf die maritime Komponente der neuen EU-Mission hin.

Aber nicht nur in Libyen gilt es einen Bürgerkrieg einzudämmen. Der gesamte Nahe Osten brennt. Iran, Irak, Syrien sind in Aufruhr, der Konflikt zwischen Israel und Palästina ist ungelöst – und Europa schaut hilflos zu. Die EU und ihre Akteure sind so gut wie nicht sichtbar. »Nicht sichtbar?« – stellt Außenminister Asselborn die rhetorische Frage und schüttelt den Kopf. Dieser These stimmt er nicht zu. »In der Iran-Frage hat Europa bewiesen, dass es bedeutsam ist. Ohne Europa wäre das Atomabkommen mit dem Iran nicht zustande gekommen und der Iran hätte heute die Atombombe. Dass es jetzt mutwillig zerstört wurde, ist ein anderes Kapitel«, empört sich Asselborn. »Aber hier bin ich kategorisch: Es war ein großer Fehler der USA, dieses Abkommen zu zerschlagen und die Sanktionen wieder einzuführen. Wir sollten nun alles dafür tun, das Abkommen nicht aufzugeben. Wir müssen verhindern, dass im Iran die Urananreicherung wieder voll anläuft. Als Konsequenz hätten wir eine Aufrüstungsspirale in der Region.«

Nahostfriedensprozess und eine Zwei-Staaten-Lösung

Es gibt eine weitere Frage, die Jean Asselborn garantiert bei keiner außenpolitischen Tour d'Horizon auslässt – den Israel-Palästina-Konflikt. Um die Jahreswende 2019/20 startet er eine Initiative, die Europäische Union soll eine Debatte führen, ob es nicht angebracht wäre, dass alle EU-Länder Palästina als Staat anerkennen. »Eine Anerkennung Palästinas durch die gesamte EU würde ein Signal setzen: Die Palästinenser brauchen eine Heimat, einen Staat, genau wie die Israelis.« Eine europäische Initiative könne auch ein Gegengewicht zur Politik des US-Präsidenten Donald Trump schaffen, lautet eine

Überlegung des luxemburgischen Außenministers. Er findet es »dramatisch«, wenn Trump den Bau israelischer Siedlungen im Westjordanland nicht mehr kategorisch als völkerrechtswidrig betrachtet. »Wenn sich jetzt überall das Recht des Stärkeren durchsetzt, kommen wir in eine Lage, wo das Recht keine Stärke mehr hat.«

Der Außenminister ist der Meinung, dass »eine Anerkennung des Rechts des palästinensischen Volkes auf einen eigenen Staat nicht gegen Israel gerichtet ist«, und fügt hinzu: »In der Tat dürfen wir für eine Lösung des Konflikts niemals Israels Sicherheitsbedingungen und Sicherheitsbedürfnisse aus den Augen verlieren, aber auch nicht Gerechtigkeit und Würde für das palästinensische Volk. Ohne eine Zwei-Staaten-Lösung gibt es keinen Frieden in der Region.« Jean Asselborn warnt davor, dass eine Abkehr vom Völkerrecht im Nahen Osten zu massiven Flüchtlingsbewegungen führen könnte.

Luxemburgs Chefdiplomat lässt nicht locker, die EU zu einer Anerkennung Palästinas zu bewegen – umso mehr nachdem US-Präsident Donald Trump im Januar 2020 seinen »Friedensplan« vorgestellt hat. Dieses von Trump selbst »Deal des Jahrhunderts« genannte Konzept bricht sämtliche Versuche, den Israel-Palästina-Konflikt beizulegen. Eine eindeutige europäische Reaktion hat es nach Vorlage des Trump-Planes nicht gegeben. Für die EU gilt weiterhin die Zwei-Staaten-Lösung als Ziel ihrer diplomatischen Bemühungen für den Nahen Osten. Die EU als Ganzes hat Palästina bislang als eigenen Staat nicht anerkannt, einzelne Mitgliedsländer hingegen schon.

Es ist Mitte Februar 2020, Sonntagabend vor dem EU-Außenministertreffen in Brüssel. Jean Asselborn lädt Amtskollegen aus Belgien, Finnland, Irland, Malta, Spanien, Slowenien und Schweden zu einem informellen Dinner in der belgischen Hauptstadt ein. Frankreich hat seinen Botschafter geschickt. Es soll bei diesem geheimen Treffen um Palästina gehen. Das Brüsseler Onlinemagazin *EU Oberserver* berichtet zwei Tage später von dieser nächtlichen Zusammenkunft.

Am nächsten Tag spricht der EU-Außenbeauftragte Josep Borrell die israelisch-palästinensische Frage an. Nach Asselborns Intervention habe man sich auf eine Behandlung des Palästina-Themas als eigenen Punkt beim Ratstreffen im März 2020 geeinigt. Schon am Beginn des Jahres hatte der luxemburgische Außenminister seinen Amtskollegen ein Schreiben zukommen lassen mit dem Ersuchen, die Situation in Israel und den palästinensischen Gebieten wieder auf die politische Agenda der EU zu setzen.

6. DIE ANGST IM JAHR 2020, DASS SICH DIE FLÜCHTLINGSKRISE VON 2015 WIEDERHOLT

»Wären wir heute mit einer Migrationswelle wie 2015 konfrontiert, dann wären wir noch viel weniger darauf vorbereitet.«[114] Was Jean Asselborn im Herbst 2019 sagt, bedeutet nichts anderes, als dass eine nachhaltige Lösung in der Flüchtlingsfrage weiter auf sich warten lässt. Sein Befund in einem Interview mit dem *Luxemburger Wort* erklärt das jahrelange Versagen der Europäischen Union, mit der Zuwanderung von Menschen aus anderen Kulturkreisen, mit Schutz suchenden Flüchtlingen, Asylwerbern und Wirtschaftsmigranten zurechtzukommen und mit diesen Herausforderungen umzugehen. Die Aussage impliziert aber nicht, dass die EU-Staaten im Jahr 2015 und 2016, dem Höhepunkt der Flüchtlings- und Migrationskrise, gut vorbereitet waren. Dass die Mitgliedsländer 2019 und erst recht in den ersten Monaten des Jahres 2020 aber noch schwächer sind, um einen Kompromiss zu finden, spiegelt die mangelnde Bereitschaft wider, gemeinsam und solidarisch zu handeln, nach umfassenden Lösungen zu suchen, ein durchdachtes Asylsystem zu installieren und Flüchtlinge auf alle Länder fair zu verteilen. Der mangelnde Wille der EU-Staaten kann als fehlende Einsicht in eines der größten sozialen, ökonomischen und gesellschaftlichen Probleme der Gegenwart interpretiert werden.

Anfang März 2020 offenbart sich das politische und menschliche Drama des Kontinents erneut auf erschreckende Weise. Am Rande der EU, zwischen der Türkei und Griechenland, ist die Flüchtlings- und Migrationskrise wieder zurückgekehrt, nachdem der türkische Staatspräsident Recep Tayyip Erdoğan erklärt hat, dass die Türkei den Weg in die EU nicht mehr blockieren und die Grenze zu Griechenland öffnen werde. 25.000 bis 30.000 Flüchtlinge aus Istanbul machen sich umgehend auf den Weg, um die türkisch-griechische Grenze zu passieren. Viele kommen in Bussen, die von der türkischen

Regierung zur Verfügung gestellt werden. Doch was sie hier erleben, sind Gewalt und blutige Zusammenstöße. Griechische Soldaten und Polizisten wehren die Flüchtlinge mit Tränengas, Wasserwerfern, Blendgranaten und Schlagstöcken ab. Auch von türkischer Seite wird gefeuert und provoziert. Es gibt Tote und Verletzte. Ankara und Athen belasten einander gegenseitig, für die tödlichen Schüsse verantwortlich zu sein. Mit Unterstützung der EU-Partner hat Griechenland seine Grenze zur Türkei komplett abgeriegelt. Zudem setzt die griechische Regierung Anfang März 2020 das Recht auf Asyl für einen Monat aus, was zu heftiger Kritik von Menschenrechtsorganisationen und Experten führt, nicht aber von EU-Seite. Nach den gewaltsamen Vorfällen harren noch Wochen später mehr als 13.000 Flüchtlinge und Migranten, darunter sehr viele Frauen und Kinder, an der griechisch-türkischen Landesgrenze aus. Unter Europas Politikern geht die Angst um. Kein Satz wird so oft ausgesprochen wie: »2015 darf sich nicht wiederholen.« Nicht gesagt wird, *was* sich nicht wiederholen darf. Gemeint ist wohl die Politik mancher EU-Staaten, die kurzfristig offenen Grenzen und die zunächst freundliche Aufnahme von Flüchtlingen.

Die EU-Spitzen in Brüssel und auch zahlreiche Regierungschefs sind entschlossen, hart zu bleiben und auf keinen Fall die im türkisch-griechischen Niemandsland Gestrandeten aufzunehmen, dann schon eher mit Staatspräsident Erdoğan zu verhandeln. Wieder einmal benutzt er das Flüchtlingsproblem, um die EU unter Druck zu setzen, diesmal in doppelter Art und Weise: Zum einen fordert er mehr Geld von der EU. Zum anderen geht es ihm darum, dass die EU und die europäischen NATO-Mitglieder auf den militärischen Konflikt in der nordsyrischen Provinz Idlib einwirken sollen, wo die Türkei einen Erfolg des Regimes in Damaskus und Russland unbedingt verhindern will. Im Oktober 2019 sind türkische Truppen völkerrechtswidrig in Nordsyrien, das von Kurden bewohnt und autonom verwaltet wird, einmarschiert, um dort gegen die kurdische

YPG-Miliz vorzugehen. Ende Februar/Anfang März 2020 ist es in der Provinz Idlib zu einer Eskalation zwischen den türkischen Truppen und den Soldaten des syrischen Regimes unter Machthaber Baschar al-Assad gekommen. Bei einem Luftangriff in Idlib werden Ende Februar mindestens 33 türkische Soldaten getötet. Assad wird seit Jahren vom russischen Präsidenten Wladimir Putin unterstützt.

Gerade in dieser angespannten Konfliktsituation fliegt Außenminister Jean Asselborn am 28. Februar 2020 nach Moskau, wo er seinen russischen Amtskollegen Sergei Lawrow trifft. »Russland hat den Schlüssel für eine Waffenruhe in Idlib«, sagt er nach dem Gespräch mit Lawrow. Gleichzeitig müssen die NATO-Partner der Türkei verdeutlichen, dass in Syrien angesichts der starken Stellung Assads und der Unterstützung durch Russland »militärisch gar nichts geht für Erdoğan«.[115]

Schnell ist klar, dass Erdoğan mit seinem Manöver den Europäern auf dem Rücken der Flüchtlinge vor Augen führt, dass Idlib und Syrien auch ihr Problem sei. Erdoğans Spiel wird als »zynisch, aber nicht wirkungslos« bezeichnet.[116] Die linksliberale italienische Tageszeitung *La Repubblica* und auch andere europäische Medien erklären fast gleichlautend, dass die Türkei Flüchtlinge »als Mittel der Erpressung« einsetze, um Unterstützung von den Europäern in ihrem Krieg in Syrien zu bekommen.[117]

Auch Außenminister Asselborn, der ja auch für Migration und Asyl zuständig ist, lehnt die Strategie Erdoğans mit deutlichen Worten ab: »Es ist immer falsch, Menschen in Not zu benutzen, um politischen Druck auszuüben.« Er betont ausdrücklich, dass die Rolle der EU im Bürgerkrieg in Syrien einerseits in der Diplomatie und andererseits in der humanitären Hilfe für Flüchtlinge an der Grenze zwischen Syrien und der Türkei bestehe.

Der türkische Staatspräsident wirft der EU vor, sich nicht an den Flüchtlingspakt vom Frühjahr 2016 zu halten. Damals haben beide Seiten vereinbart, dass die Türkei Flüchtlinge am Grenzübertritt

Richtung EU hindern und Ankara dafür im Gegenzug sechs Milliarden Euro von der Gemeinschaft für die Flüchtlingshilfe erhalten soll.

Erdoğan verlangt mit seinem dreisten, erpresserischen Vorgehen nicht nur Unterstützung für seine militärischen Operationen in Idlib, sondern auch mehr Geld von der EU für die Unterbringung und Versorgung der Flüchtlinge in seinem Land. Der türkische Staatspräsident nutzt damit geschickt die Panik der EU vor einer neuen Massenzuwanderung und dem befürchteten Erstarken rechtsradikaler Parteien.

Hinter den Kulissen beginnt die EU-Krisendiplomatie auf Hochtouren zu laufen, nicht nur wegen Erdoğan. Dringenden Handlungsbedarf gibt es auch auf den griechischen Ägäis-Inseln, wo täglich neue Flüchtlinge landen und sich die Zustände in den Flüchtlingslagern dramatisch verschlimmern. Mitte März 2020 leben nach Angaben des griechischen Bürgerschutzministeriums mehr als 42.500 Migranten auf Lesbos, Samos, Kos, Leros und Chios. Dabei liegt die Kapazität bei rund 6000 Plätzen. Laut EU-Kommission sind allein rund 5500 der Flüchtlinge unbegleitete Minderjährige.

Nach hektischen Besuchen – EU-Kommissionspräsidentin Ursula von der Leyen fliegt gemeinsam mit dem griechischen Premier Kyriakos Mitsotakis, EU-Ratspräsident Charles Michel und EU-Parlamentspräsident David Sassoli die türkisch-griechische Grenzregion ab und Erdoğan reist nach Brüssel – vereinbaren die EU-Innen- und Außenminister ein dringendes Treffen. Man ist entschlossen, gegenüber Erdoğan nicht schnell nachzugeben. Die griechischen Maßnahmen, wie die rigorose Grenzschließung, aber auch das temporäre Aussetzen des Asylrechts, werden unterstützt.

Außenminister Jean Asselborn, der Doyen der EU-Diplomatie, betont, dass er sich nicht vorstellen könne, die Grenzen aufzumachen. »Sonst haben wir Probleme, die es jetzt an der griechisch-türkischen Grenze gibt, demnächst auf dem Balkan.« Und in Deutschland würden »Parteien wie die AfD dann 30 Prozent« bekommen.[118]

Nur hinter vorgehaltener Hand äußern manche Politiker, dass die EU die Zeit seit der großen Flüchtlingskrise im Sommer und Herbst 2015 nicht genutzt habe, um sich auf ein gemeinsames Vorgehen zu einigen. Ein umfassendes EU-Asylgesetz, eine Strategie, um die Ursachen der Flucht zu bekämpfen, anstatt nur die Fluchtrouten zu schließen, und Beschlüsse über legale Migration zeichnen sich auch im Frühjahr 2020 nicht ab, weil sich östliche EU-Mitglieder vehement weigern, Flüchtlinge aufzunehmen, und die große Mehrheit der EU-Regierungen Flüchtlinge und Migranten als Grenzschutzproblem versteht. Eine friktionsfeie Zusammenarbeit mit der Türkei, ein neuer Deal mit Ankara und höhere Grenzzäune, das sei für die Mehrheit der EU-Regierungen das Gebot der Stunde.

Am 9. März 2020 besucht der türkische Staatspräsident Recep Tayyip Erdoğan die EU-Spitzenvertreter in Brüssel. Er kommt seinem Ziel, finanzielle Zuwendungen zu bekommen, wieder über eine Visa-Liberalisierung zu reden, die Erweiterung der Zollunion zu verhandeln und die Beitrittsgespräche fortzuführen (Inhalte der Flüchtlingsvereinbarung von 2016), einen guten Schritt näher. »Wir werden den Dialog mit Erdoğan weiterführen«, bestätigt nach dem Treffen auch EU-Ratspräsident Charles Michel.

Kurz danach, am 13. März 2020, kommen die EU-Innen- und Migrationsminister in Brüssel zusammen, um über die Lage an der türkisch-griechischen Grenze und die Situation in den Flüchtlingslagern auf den griechischen Inseln zu sprechen. Die EU-Staaten sagen Athen finanzielle Unterstützung zu, und die Grenzschutzbehörde Frontex schickt weitere Beamte nach Griechenland.

Doch eine Sorge plagt den luxemburgischen Außenminister schon an diesem Tag. Die schrecklichen Bilder der Kinder und Jugendlichen in den griechischen Flüchtlingslagern, die auf Müllhalden nach Essen suchen, und das sich rasant in Europa ausbreitende Coronavirus lassen Asselborn nicht los: Er will unbedingt Kinder aus dieser Situation befreien und hofft, dass »mit dem Virus jetzt nicht wieder alle Bemühungen gestoppt werden«. Zum damaligen Zeitpunkt haben bereits mehrere Mitgliedsländer Einreisebeschränkungen erlassen. Schon wenige Tage danach machen die EU-Staaten alle Grenzen dicht. Auch die Kommunikation ändert sich schlagartig, direkte Kontakte werden untersagt. »Die kommenden Wochen wird die EU eher digital und virtuell statt physisch funktionieren«, ahnt Asselborn sehr früh die Auswirkungen der Covid-19-Pandemie.[119]

In den EU-Staaten werden über Nacht restriktive Maßnahmen zur Bekämpfung der Coronavirus-Infektion erlassen, Geschäfte, Bars, Restaurants, Museen, Opernhäuser und Theater gesperrt, große Veranstaltungen untersagt und persönliche Kontakte weitgehend eingeschränkt. Unter diesen Bedingungen kommt es am 17. März 2020 zu einer Videokonferenz zwischen Bundeskanzlerin Angela Merkel, Frankreichs Staatspräsident Emmanuel Macron, Briten-Premier Boris Johnson und dem türkischen Staatspräsidenten Erdoğan. Merkel erklärt sich danach zu mehr EU-Hilfen für die Versorgung von syrischen Flüchtlingen in der Türkei bereit. Alle Beteiligten an der Videokonferenz bekennen sich außerdem zum Flüchtlingspakt zwischen der EU und der Türkei, worauf Erdoğan die Grenzen wieder einigermaßen dichtmacht.

»Kinder nicht auf den Müllhalden verkommen lassen«: Asselborn rettet Flüchtlinge und setzt in der EU ein Signal

Während alle diplomatischen Bemühungen auf die Lösung des türkisch-griechischen Grenzkonfliktes und die Bekämpfung des Coronavirus konzentriert sind, eskaliert die Situation in den Flüchtlingscamps auf den griechischen Inseln weiter, ganz besonders auf Lesbos, wo die Versorgung nicht mehr gewährleistet ist. Die Sorge ist groß, das Coronavirus könnte in großem Umfang die Lager heimsuchen, was katastrophale Auswirkungen auf die Gesundheit Tausender

Menschen hätte. Minister Asselborn, Europa-Abgeordnete und zahlreiche NGOs fordern, die Menschen von den stark überfüllten Flüchtlingslagern auf den Inseln auf das griechische Festland zu bringen. Im Camp Moria auf Lesbos ist die Lage besonders schlimm: Hier müssen sich 1300 Flüchtlinge einen Wasserhahn teilen. »Die meisten Menschen können sich nicht einmal regelmäßig ihre Hände waschen. Viele leben in behelfsmäßigen Zelten und haben keine Chance, sich voneinander zu isolieren, um eine Infektion zu vermeiden«, erklärt der Migrationsforscher Gerald Knaus, ein Initiator des EU-Türkei-Abkommens von 2017.

Griechenland reagiert Ende März 2020 mit Quarantäne. Bewohner dürfen nur noch tagsüber und in kleinen Gruppen die Lager verlassen. Um die Situation zu mildern, überweist die EU-Kommission Athen 350 Millionen Euro.

Außenminister Jean Asselborn beschreibt die Lage auf den Inseln als »unhaltbar und menschenunwürdig«. Dazu kommt, dass sich rechtsextreme Trupps auf Lesbos niedergelassen haben. Sie verprügeln Migranten und schlitzen Flüchtlingsboote auf. Gemeinsam mit privaten Security-Initiativen greifen die angereisten fremdenfeindlichen Aktivisten auch Flüchtlingshelfer an.

Asselborn stellt sich gegen diese Zustände und verlangt, dass EU-Länder rasch unbegleitete Kinder und Jugendliche aus den Flüchtlingslagern übernehmen sollen. Dafür setzt er sich auch bei seinen Amtskollegen persönlich ein. Seit Jahren gehört Luxemburg nämlich zu den Ländern, die sich dafür starkmachen, Griechenland bei der Flüchtlingsaufnahme und -betreuung zu entlasten. Asselborn lässt sich dafür auch etwas einfallen. Er präsentiert den EU-Regierungen einen klugen Plan: Zehn Kinder pro halbe Million Einwohner sollen aufgenommen werden, das ist seine Idee. »Damit hätten wir sehr viel Leid gelöst«[120], erklärt er seine Formel. Luxemburg sei sofort bereit, unbegleitete Flüchtlingskinder bei sich aufzunehmen, um ein Zeichen zu setzen, »wie wir Griechenland helfen können, nicht nur mit Geld, sondern auch mit Taten«. Der Vorschlag Asselborns stößt im Kreise seiner EU-Kollegen zunächst auf wenig Begeisterung. Das liegt auch daran, dass die EU-Kommission keinen Vorschlag vorgelegt hat, über den man hätte abstimmen können. Die zuständige schwedische EU-Innenkommissarin Ylva Johannsson verkündet danach zwar, dass eine »Koalition der Willigen« bestehend aus zehn Ländern plus der Schweiz bereit wäre, minderjährige Flüchtlinge aufzunehmen, die unter »sehr prekären« Bedingungen in den griechischen Camps leben. Ein Konzept hat sie allerdings nicht. Eindringlich bittet sie Asselborn hinter verschlossenen Türen: »Jean, mach du, was du machen kannst!«[121]

Asselborn macht, weil es auch seinem politischen Willen und seiner Überzeugung entspricht. Tagelang verhandelt er mit griechischen Behörden, mit der Verwaltung der Camps, dem Flüchtlingshilfswerk der UNO (UNHCR) und der Internationalen Organisation für Migration (IOM). Das sich ausbreitende Coronavirus, die Panik vor der Krankheit und neue Grenzkontrollen erschweren die humanitäre Mission. Zwölf Kinder, die nach Luxemburg kommen sollen, sind Ende März 2020 schon bereit, die Reise können sie wegen Sicherheitsmaßnahmen und bürokratischen Hürden vorerst aber nicht antreten. Wieder vergehen Tage. »Die Aufnahme ist nicht auf Eis gelegt«, beruhigt Asselborn. Er kämpft mit allen ihm zur Verfügung stehenden Mitteln weiter, die Übersiedlung der Kinder und Jugendlichen macht er zur Chefsache. Auch medial geht er in die Offensive. In mehreren Interviews mit großen Zeitungen und Fernsehstationen erinnert er an das Friedensprojekt EU und an die Solidarität. Die Regierungen der Mitgliedsländer müssten auch weiter dazu stehen. »Es gibt keinen Grund, Kinder auf den Müllhalden der Inseln in Griechenland verkommen zu lassen«[122], lässt er seine EU-Partner und die europäische Öffentlichkeit wissen, in der Hoffnung, dass die Zusage von einigen EU-Staaten, 1600 Kinder und Jugendliche aufzunehmen, rasch eingelöst werde. Der Außenminister betont auch, dass diese jungen Menschen »in das 22. Jahrhundert hineinleben und einmal Zeugnis ablegen werden über die europäische Haltung in der Migrationsfrage am Beginn des 21. Jahrhunderts«.

Am 7. April 2020 klärt er mit dem griechischen Migrationsminister Georgios Koumoutsakos die letzten Details, dann steht es fest und er macht es über *Twitter* publik: Die Jugendlichen dürfen nach vielen Monaten Aufenthalt in den völlig überfüllten Lagern der ägäischen Inseln Lesbos, Chios und Samos ausreisen. Am Mittwoch, dem 15. April, kurz nach Ostern, kommen sie in einer von der Internationalen Organisation für Migration gecharterten Sondermaschine in Luxemburg an. Außenminister Jean Asselborn lässt es sich nicht nehmen und empfängt die Gruppe – elf Burschen und ein Mädchen im Alter von elf bis 16 Jahren – persönlich am Flughafen. Mitten in der Corona-Krise mit Gesichtsmaske und deutlichem Abstand. Sichtlich gerührt spricht Asselborn von einem »schönen Tag für Luxemburg. Wir senden damit ein Signal aus.« Der Anfang sei gemacht, und »das ist ein Quäntchen Solidarität, das wir den Griechen und den Flüchtlingen geben müssen«, sagt er bei der Ankunft der Jugendlichen. Corona habe vieles blockiert, aber nicht alles.

7. DAS CORONAVIRUS ALS STRESSTEST FÜR DIE EU

Nationalismus gegen Gemeinschaft

Auch wenn Jean Asselborn die Umsiedlung der jugendlichen Flüchtlinge nach einem Verhandlungsmarathon und großem persönlichen Einsatz gelingt, Corona hält die Europäische Union seit März 2020 in Bann. »Es ist die Ungewissheit, die Angst macht, weil wir nicht wissen, wie es mit der Corona-Krise weitergeht.« So umschreibt Jean Asselborn den Gefühlszustand, den er selbst kennt und der die ganze Bevölkerung in Schrecken versetzt. »Unvorstellbar« sei es für die Menschen, dass plötzlich »Flughäfen gesperrt, Grenzen geschlossen und Grundrechte eingeschränkt sind«. Angst und Unsicherheit, bisweilen auch Panik, sind die beherrschenden Phänomene, seit die Corona-Krise von China ausgehend im März 2020 auch Europa und den Rest der Welt erreicht hat. Die Weltgesundheitsorganisation hat die Infektion zur Pandemie erklärt.

Damit prallen zwei Krisen in der EU aufeinander: die seit Jahren ungelöste Flüchtlings- und Migrationsfrage und die Corona-Pandemie. Bei der Lösung beider Probleme zeigt sich in der EU, wie schwierig es ist, widersprüchliche Interessen in globalen Notsituationen zusammenzuführen. Beide Krisen machen ein Versagen der Nationalstaaten offensichtlich, auf Notlagen rasch und effizient zu reagieren.

Mit großem Unbehagen registriert Außenminister Jean Asselborn, dass mehr als die Hälfte der europäischen Staaten Grenzschließungen und Grenzkontrollen im eigentlich kontrollfreien Schengen-Raum eingeführt haben. Schengen wurde damit rasch zur Geschichte, so als gäbe es keinen Binnenmarkt. »Es sieht derzeit nicht gut aus in der EU«, stellt Asselborn nach einem EU-Außenministerrat am 23. März 2020 fest. Ein herkömmliches Treffen ist es nicht. Wegen der Corona-Ansteckungsgefahr kommunizieren die Chefdiplomaten per Video-Schaltung miteinander. Für Asselborn ist es ein völlig fremdes Format.

15. April 2020: Luxemburg geht voran und nimmt als erstes EU-Land unbegleitete Kinder und Jugendliche aus griechischen Flüchtlingslagern auf. Jean Asselborn empfängt sie persönlich am Flughafen

Ihm ist der direkte Austausch, das Face-to-Face-Gespräch, lieber. »Es war die erste Videokonferenz, die wir je unter Außenministern der Europäischen Union hatten, und ich bin mir sicher: Die Digitalisierung der Außenpolitik darf nicht zur Regel werden. Die Atmosphäre ist zu kalt und unpersönlich«, stellt er danach fest. Der dienstälteste Außenminister der EU, der seit 2004 regelmäßig nach Brüssel reist, um seine Amtskollegen im Ratsgebäude in der Rue de la Loi 175 zu treffen, weiß wie kein anderer, dass Einigungen nur selten bei Diskussionen in großer Runde erzielt werden. Es sind die Vieraugengespräche am Rande der Sitzungen, die tragfähige Kompromisse ermöglichen. In Zeiten der Covid-19-Krankheit ist es nun einmal anders.

Auch die Pressekonferenz ist eine Premiere für Asselborn. In einem leeren Raum ohne Medienvertreter steht er hinter einem Pult und referiert Punkt für Punkt die Themen, die besprochen werden. Es geht diesmal nicht nur um Konflikte, die weit weg sind, sondern um Krisen vor der Haustür: die Grenzschließungen. »An der Grenze ein Virus zu kontrollieren, das geht nicht. Grenzschließungen innerhalb

Europas haben null Wirkung auf die Eindämmung des Coronavirus. Im Gegenteil: Dadurch werden neue Probleme geschaffen«, mahnt der Außenminister. Warenengpässe durch unterbrochene Lieferketten, Probleme mit Pendlern und Megastaus an den Grenzübergängen, das sind die Herausforderungen, die von einem Tag auf den anderen entstanden sind. An der deutsch-polnischen Grenze staut sich der Verkehr zeitweise 60 Kilometer, auch an der österreichischen Grenze zu Ungarn warten endlose Autoschlangen. »Dabei ist die Freizügigkeit der Bürger, der Waren, der Dienstleistungen und des Geldes eine der größten Errungenschaften Europas«, erinnert Asselborn ausgerechnet am 25. Jahrestag des Schengener Abkommens, das am 26. März 1995 in Kraft trat.[123] Die Wiedereinführung von Kontrollen »trifft einen als Europäer sehr hart. Auf der ganzen Welt werden wir wegen des Schengen-Raumes beneidet. Wenn Schengen zusammenbricht, dann wäre das ein Stück Europa, das wegbricht.« Asselborn fordert, die im Zuge der Corona-Pandemie eingeführten Grenzkontrollen und Grenzschließungen »so schnell wie möglich« wieder aufzuheben. Denn sonst würden Arbeiter, »von denen viele im Kampf gegen das Virus an vorderster Front stehen«, daran gehindert, lebensnotwendige medizinische Güter und Lebensmittel über Grenzen zu transportieren. Jean Asselborn ist fest entschlossen, im Kampf gegen das Virus die Errungenschaften für das alltägliche Leben Hunderter Millionen EU-Bürger nicht zu opfern.

Drei Fragen stellt der Außenminister in diesem Kontext:

1. Sind Kontrollen wissenschaftlich betrachtet wirksam, um das Virus einzudämmen?
2. Werden diese Kontrollen im Einklang mit der EU-Gesetzgebung durchgeführt?
3. Vermeiden sie Diskriminierungen zwischen Bürgern des jeweiligen Landes und anderen EU-Ländern?

Seine Antwort auf die in der Pressekonferenz gestellten Fragen ist dreimal »nein«.

Die neuen Grenzkontrollen sind gerade für Luxemburg ein großes Problem. »Wir sind in vitalen Angelegenheiten des Staates von Pendlern abhängig. Sie arbeiten vor allem in unseren Krankenhäusern und unseren Pflegeheimen, in Supermärkten und Apotheken«, betont der Außenminister.[124] Bei 600.000 Einwohnern pendeln täglich rund 200.000 Personen von Deutschland, Frankreich und Belgien in das Großherzogtum. Luxemburg ist auf 100.000 Franzosen, 50.000 Belgier und 50.000 Deutsche angewiesen, rechnet Asselborn vor. »Wenn die nicht mehr nach Luxemburg kommen können, bricht Luxemburg zusammen. Es geht um den Lebensnerv unseres Landes.« Jean Asselborn appelliert an die Nachbarländer, die Freizügigkeit wiederherzustellen. Das luxemburgische Gesundheitssystem braucht die Pendler. Nicht nur um die einheimischen Kranken zu behandeln, sondern auch, um Frankreich zu helfen und schwer kranke Corona-Patienten aus dem Osten Frankreichs in Intensivstationen aufzunehmen und ihr Leben zu retten.

Dass diese Hilfeleistung an Frankreich funktioniert, beruhigt den Außenminister einerseits: »Es gibt ein Mitgefühl in Europa.« Andererseits verzweifelt er »an jenem Europa der institutionellen Kälte«.

Den Außenminister ärgert auch, dass die Mitgliedsländer die EU-Binnengrenzen dichtgemacht haben, ohne EU-Recht einzuhalten und die EU-Institutionen in Brüssel zu informieren. Verständnis zeigt er für die EU-Entscheidung vom 18. März 2020, die Außengrenzen vorerst für 30 Tage zu schließen. »Die Philosophie der Schließung der Außengrenzen ist allerdings, die inneren Grenzen offen zu halten.«

Nicht vereinbar mit dem europäischen Grundsatz der Solidarität ist das Verhalten von Deutschland, Frankreich, Tschechien und Polen. Aus nationalem Interesse und egoistischen Gründen stoppen diese Länder an der Grenze Transporte mit medizinischen Gütern, die für Italien bestimmt sind und in diesem vom Coronavirus am stärksten betroffenen Mitgliedsland dringend benötigt werden.

Die EU-Staaten sehen in der Corona-Krise ihr Heil im nationalen Egoismus und der Selbstisolation.

Orbán zieht in der Corona-Pandemie die ganze Macht an sich: »Ein Flirt hin zum Autoritären«

Die Einschränkung des freien Waren-, Personen- und Dienstleistungsverkehrs mit dem Argument, das Coronavirus zu bekämpfen, ist für Jean Asselborn aber nur ein Grund zur Sorge. Mit dem Argument, gegen die Corona-Pandemie vorzugehen, verabschiedet das ungarische Parlament Ende März ein Gesetz, das dem rechtsnationalen Ministerpräsidenten Viktor Orbán umfassende Vollmachten erteilt. Die Orbán-Partei Fidesz verfügt im Parlament über die Zweidrittelmehrheit, die für die Verabschiedung des Gesetzes nötig ist. »Ein Flirt hin zum Autoritären«, nennt Außenminister Asselborn dieses ungarische Vorgehen. »Was Orbán macht, passt nicht zu einer europäischen Demokratie. Er nützt die Pandemie, um seine persönliche Macht auszudehnen, unbefristet per Dekret zu regieren und das Parlament auszuschalten.« In einem Interview mit der deutschen Tageszeitung *Die Welt* wird Asselborn noch deutlicher: »Wir dürfen uns nicht damit abfinden, dass innerhalb der EU eine diktatorische Regierung existiert.«[125] Er fordert, Ungarn in der EU unter »eine strikte politische Quarantäne« zu stellen. Die ungarische Regierung dürfe am Tisch der europäischen Institutionen keinen Platz mehr haben. Vor allem dürfe eine Regierung, die unbefristet von keinem Parlament mehr kontrolliert werde, »nicht mitentscheiden bei Sachentscheidungen in den einzelnen Ministerräten, die am Ende alle Menschen in Europa betreffen«.[126]

Insgesamt verabschieden mehr als ein Dutzend EU-Staaten nach der Parlamentsentscheidung in Budapest eine Erklärung, aus der hervorgeht, dass sie sich über Coronavirus-Notmaßnahmen sorgen, die gegen Rechtsstaatlichkeit, Demokratie und Grundwerte verstoßen könnten. Ungarn wird explizit nicht genannt, aber es ist klar, dass die Regierung in Budapest angesprochen ist. In der Erklärung heißt es: »Notmaßnahmen sollten auf das Nötigste begrenzt sein, sie sollten verhältnismäßig und befristet sein, regelmäßig überprüft werden und die genannten Grundsätze und internationalen Rechtsverpflichtungen respektieren. Sie sollten nicht die freie Meinungsäußerung oder die Pressefreiheit beschränken.«[127] Der Text wird von den Niederlanden, Frankreich, Deutschland, Belgien Dänemark, Finnland, Griechenland, Irland, Italien, Luxemburg, Portugal, Spanien und Schweden unterzeichnet.

Während Außenminister Jean Asselborn diese unhaltbaren Entwicklungen in Ungarn und auch die Grenzschließungen innerhalb des Schengen-Raumes kritisiert, schweigen die Hüter der EU-Verträge tagelang, namentlich die Spitzen der Europäischen Kommission. Erst in der eilig einberufenen Sitzung des Europäischen Parlaments am 26. März 2020 spricht Kommissionspräsidentin Ursula von der Leyen die mangelnde Solidarität an. »Als die europäischen Staaten wirklich füreinander da sein mussten, haben zu viele zunächst nur an sich selbst gedacht.« Und sie schließt ihre Rede mit den Worten: »Wir können uns nur helfen, wenn wir uns gegenseitig helfen.«[128]

Erst spät wird die Corona-Pandemie, die sich in atemberaubendem Tempo in manchen EU-Staaten ausbreitet, als grenzüberschreitendes Problem erkannt, das gemeinsam gelöst werden muss. Die EU-Kommission veranlasst den gemeinsamen Ankauf von medizinischen Gütern wie Schutzmasken, Testgeräten und Medikamenten. Koordiniert erfolgen auch Rückholflüge von Touristen in Drittstaaten. Auf wirtschaftlichem und finanzpolitischem Gebiet werden die seit vielen Jahren geltenden Schulden- und Defizitregeln ausgesetzt. Das heißt, die Länder können die Drei-Prozent-Defizit-Marke beim Budget überschreiten und Staatszuschüsse an Unternehmen weitgehend freigeben. Auf EU-Ebene werden zudem Milliarden aus dem

EU-Haushalt umgewidmet und gigantische Anleihe-Käufe der Europäischen Zentralbank gestartet. In der Krise erweist sich die am wenigsten demokratische Institution, die Europäische Zentralbank, als das mit Abstand effektivste europäische Krisenmanagement-Instrument.

Vor dem Gipfel der Staats- und Regierungschefs, der am 26. März per Videokonferenz stattfindet, verlangen Frankreichs Staatspräsident Emmanuel Macron und acht weitere Regierungschefs, nun auch das letzte Tabu zu Fall zu bringen. Sie fordern ein »gemeinsames Schuldeninstrument«, das den klangvollen Namen »Corona-Bonds« bekommt. Deutschland, die Niederlande, Österreich und auch andere Staaten sind aber vehement gegen die Vergemeinschaftung von Schulden. Der Plan wird vorerst fallengelassen. Diskutiert wird auch, wie der Euro-Rettungsschirm ESM, der mit 410 Milliarden Euro ausgestattet ist, genutzt werden kann. Eine Entscheidung kommt nicht zustande, die EU-Finanzminister werden beauftragt, ein Corona-Hilfspaket zu schnüren. Nach tage- und nächtelangen Video-Verhandlungen kommt am 9. April 2020 ein Kompromiss zustande. Das finanzielle Hilfspaket für den Kampf gegen die Coronavirus-Krise umfasst drei Elemente: Der Euro-Krisenfonds ESM steuert maximal 240 Milliarden Euro bei, die Europäische Investitionsbank (EIB) 200 Milliarden Euro und ein neu zu schaffender Kurzarbeitsfonds der EU-Kommission nochmals 100 Milliarden Euro. Ferner einigen sich die Finanzminister darauf, an einem Wiederherstellungsfonds zu arbeiten, welcher der europäischen Wirtschaft einen Aufschwung verleihen soll. Ob dazu aber die beispielsweise von Italien, Frankreich und Spanien vehement geforderten und von Deutschland, den Niederlanden und Österreich ebenso vehement abgelehnten Euro-Anleihen ausgegeben werden sollen, lassen die Minister in ihrem Abschlussbericht offen. Der Streit über Eurobonds wird somit prolongiert.

8. »MERDE ALORS!«
Jean Asselborn platzt der Kragen beim informellen EU-Treffen in Wien

Während des österreichischen EU-Vorsitzes in der zweiten Jahreshälfte 2018 will sich der damals amtierende Innenminister Herbert Kickl (FPÖ) in ganz besonderer Weise profilieren. Sein Ziel ist es, die EU-Partner von seinem harten Flüchtlingskurs zu überzeugen, die Kontrollen an den EU-Außengrenzen zu verschärfen, Rückführungen zu beschleunigen und alles zu unternehmen, dass sich am besten kein Mensch mehr Richtung Europa in Bewegung setzt. Für den 14. September 2018 lädt er seine Ressortkollegen sowie EU-Migrationskommissar Dimitris Avramopoulos zu einem EU-Afrika-Treffen nach Wien ein. Auch Vertreter aus Ägypten, Algerien, Libyen, Mali, Marokko, Niger und dem Tschad, den afrikanischen Herkunfts- und Transitländern von Flüchtlingen und Migranten, werden als Gäste begrüßt. Die Repräsentanten dieser Staaten sollen in den Diskurs über »Sicherheit und Migration« einbezogen werden. Kickl braucht sie als Verbündete für seinen Kampf gegen Flüchtlinge.

Auf den ersten Blick wirkt bei diesem informellen Treffen der EU-Innenminister alles wie immer. Neugierige Journalisten warten vor dem Konferenzzentrum, die Politiker geben bei ihrer Ankunft kurze Statements gegenüber den Medienvertretern ab, Kameras klicken, ein paar Fotos werden gemacht und O-Töne eingeholt, dann eilen die Minister in das architektonisch nicht sehr ansprechende, aber funktionale Vienna Austria Center. Das Gebäude aus den 1980er-Jahren an der bekannten Adresse Bruno-Kreisky-Platz 1 neben der UNO-City ist der Konferenzort der Republik während des österreichischen EU-Vorsitzes. An quadratisch angeordneten Tischen nehmen die Vertreter aller Mitgliedsländer und die Teilnehmer aus Afrika Platz. Vor ihnen liegen Kopfhörer – übersetzt wird simultan. Schilder mit Namen und Herkunftsstaat ersetzen langwierige Vorstellungsrunden.

Auf den zweiten Blick ist deutlich wahrnehmbar, wie nervös die Politiker wirken: Ihre Körperhaltung ist angespannt, unnahbar, jeder misstraut dem anderen, und mit jeder Wortmeldung wird die Atmosphäre gereizter. Seit dem Jahr 2015, als rund eine Million Kriegsflüchtlinge und Migranten aus Syrien, den Nachbarländern und Afrika in die EU kamen, wird auf europäischer Ebene nach einer Lösung in der Asyl- und Flüchtlingsfrage gesucht. Bis auf den Deal mit der Türkei im März 2016 gibt es bis heute keine nennenswerten Ergebnisse. Im Gegenteil. Die Gegensätze zwischen den Mitgliedsländern sind unüberbrückbar, von Treffen zu Treffen werden sie tiefer. Zunächst lehnen die sogenannten Visegrád-Staaten, allen voran Ungarns rechtsnationaler Ministerpräsident Viktor Orbán gefolgt von seinem polnischen Amtskollegen, jede faire Verteilung der Flüchtlinge und jede Solidarität innerhalb der EU ab. Mit der Koalition der Populisten und Rechtsextremen in Italien – die Regierung des Movimento 5 Stelle und der Lega wird Anfang Juni 2018 gebildet – vergrößert und verstärkt sich die Gruppe jener, die jeden konstruktiven Ansatz in der Flüchtlingsfrage ablehnen. Die Provokationen aus Rom und anderen Hauptstädten vergiften auch das Treffen an der Donau in Wien. »Migrationszar« Matteo Salvini, wie der damalige italienische Innenminister und Lega-Chef vom US-amerikanischen *Time Magazine* genannt wird[129], ist für manche die zentrale Reizfigur. »Bei seinem FPÖ-Kollegen Herbert Kickl fühlt er sich wohl«, sagt ein anwesender Minister, der nicht genannt werden möchte.

Dicke Luft im Austria Center

Im Konferenzzentrum dauert es nicht lange, bis die Debatte eskaliert. Erster Redner ist Luxemburgs Außenminister Jean Asselborn. Er fordert in seinem Redebeitrag, dass in der Flüchtlingspolitik internationale Regeln, wie die im Jahr 1951 verabschiedete Genfer Flüchtlingskonvention, eingehalten werden müssen.[130] Asselborn betont das im Hinblick auf den Gastgeber. Innenminister Kickl hat bereits wiederholt die Relevanz der Genfer Flüchtlingskonvention infrage gestellt. Der Außenminister verweist auch auf das alternde Europa: »Schon aus demografischen Gründen brauchen wir legale Zuwanderung und neue Arbeitskräfte.«

Noch ist Italiens Innenminister still. Zwischen Matteo Salvini und Jean Asselborn sitzt der lettische Ressortchef. Als zehnter Redner ist nun Salvini an der Reihe. Aufgebracht, mit hochrotem Kopf, reagiert er auf Asselborn und seine Aussage, wonach Europa legale Migration brauche. »Ich arbeite lieber dafür, dass junge Italiener und Europäer mehr Kinder in die Welt setzen, weil ich keine neuen Sklaven nach Europa holen will. Wenn ihr in Luxemburg neue Migranten braucht, schön und gut. Aber in Italien helfe ich lieber Italienern, dass sie wieder mehr Kinder machen.«

Asselborn wird unruhig, sein Blick verfinstert sich. »Als ich hörte, ›Sklaven aus Afrika für Luxemburg‹, habe ich ›Allez, allez‹ gesagt. Dann ist mir durch den Kopf gegangen, dass man eine solche Aussage eines europäischen Innenministers unter Präsenz der afrikanischen Kollegen nicht ohne Widerspruch durchgehen lassen kann«, erinnert sich der Außenminister an diesen Augenblick.

Salvini spricht noch ein paar Worte weiter. Blitzschnell schaltet Asselborn sein Mikrofon ein, um den italienischen Vize-Ministerpräsidenten und Chef der rassistischen Lega mitten im Satz zu unterbrechen: »Das geht zu weit. In Luxemburg haben wir Zehntausende Italiener, mein Herr! Sie sind auf der Suche nach Arbeit zu uns gekommen, weil sie ihre Kinder in Italien nicht ernähren konnten. Das waren keine Sklaven, sondern Menschen, die Italien sehr viel Ehre gebracht haben.« Dann verliert der Außenminister die Contenance. Er wirft seinen Kopfhörer auf den Tisch. »Merde alors!«[131], rutscht es aus ihm heraus, er schiebt ein entschlossenes »Non!« nach.

Der dienstälteste Chefdiplomat der Europäischen Union springt auf und verlässt wortlos den Konferenzsaal. Belehrend stellt Innenminister Herbert Kickl fest: »Man unterbricht den Redner nicht.«

Heute bereut Jean Asselborn seinen emotionalen Ausbruch und seine Wortwahl in keiner Weise. »Im Nachhinein habe ich kein Problem damit«, erklärt er und lässt den Moment noch einmal Revue passieren: »Ich habe keine Sekunde überlegt. Ich war aufgebracht, es kam aus dem Bauch heraus. Natürlich habe ich etwas gemacht, was sehr, sehr unüblich ist. In all den Jahren, in denen ich Außenminister bin, ist das noch nie vorgekommen. Ich bin Salvini ins Wort gefallen und habe auf mein Mikrofon gedrückt, sodass es jeder hören konnte. Natürlich habe ich mich gefragt, ob ich das Recht habe, mich gehen zu lassen?«

Die Antwort bekommt er bei seiner Rückkehr nach Luxemburg. Am Flughafen wird er von Journalisten empfangen und mit neugierigen Fragen über das Geschehen in Wien konfrontiert. »Ich habe gemerkt, dass mein Verhalten positiv aufgenommen wird. Alle Medien berichteten von dieser Geschichte. Mit einem Mal war meine Unsicherheit gebrochen«, analysiert er Jahre später.

Aber zurück zum Streit in Wien: Der Außenminister bleibt nach diesem Eklat dem »Familienfoto« fern, Matteo Salvini postiert sich demonstrativ in der Mitte. Wenn es so weit kommt, dass Jean Asselborn nicht auf einem Gruppenbild erscheint und auf einen Fototermin verzichtet, dann muss etwas Außergewöhnliches vorgefallen sein. Der Außenminister ist ein Profi, und er weiß um die Wirkung von Bildern in den öffentlichen Medien. Sein Verzicht auf ein Foto deutet auf einen ernsthaften Konflikt mit dem rechtspopulistischen Italiener hin. Für den Sozialdemokraten aus Luxemburg ist das eine neue Erfahrung in seinem bisherigen politischen Leben. »Keine fünf Pferde hätten mich zum Familienfoto bringen können«, sagt Asselborn.

Niemand im Sitzungssaal bemerkt, dass ein Mitarbeiter Salvinis seine Rede sowie den Vorfall auf Video aufnimmt. 20 Minuten später postet der Chef der Lega den Mitschnitt des Wortgefechts auf seiner eigenen *Facebook*-Seite und seinem *Twitter*-Account mit dem sarkastischen Kommentar, Asselborn sei seine Antwort offenbar »nicht gut bekommen«. »Er hat begonnen mich zu beschimpfen!!!«, schreibt Salvini mit drei Ausrufezeichen – und sieht sich als Sieger des Duells.

Heimliches Video – ein Novum in der EU

Das Treffen der EU-Innenminister sollte eigentlich unter Ausschluss der Öffentlichkeit stattfinden. Dass die hitzige Auseinandersetzung zwischen dem italienischen Innenminister und Luxemburgs Chefdiplomaten in die sozialen Medien gelangt, ist ganz klar einer Indiskretion Salvinis geschuldet, er veröffentlicht einen heimlichen Video-Mitschnitt ohne Einwilligung des Beteiligten. Salvinis Verhalten ist ein Novum auf der europäischen Bühne – und für viele Diplomaten völlig inakzeptabel.

Gut zwei Jahre später ist es allerdings kein Novum mehr: Auch der ungarische Regierungssprecher Zoltán Kovács, der Vertraute von Ministerpräsident Viktor Orbán, schickt am 10. Dezember 2019 Informationen über den Kurznachrichtendienst *Twitter* aus einer nichtöffentlichen Sitzung. Kovács verbreitet die Positionen anderer EU-Mitgliedsländer zum Artikel-7-Verfahren gegen die Regierung in Budapest, jenem bereits angesprochenen Verfahren, das Ungarn dazu bewegen soll, die Unabhängigkeit der Justiz und die Meinungs- und Pressefreiheit zu gewährleisten.

Was Jean Asselborns Vorgehen angeht, kann man ruhig geteilter Meinung sein, wie weit er die Bandbreite diplomatischer Gepflogenheiten für sich selber interpretiert. »Nicht vergessen werden sollte aber, mit wem er sich bei solchen Konferenzen auf EU-Ebene mittlerweile inhaltlich auseinandersetzen musste. Mit Matteo Salvini, aber auch mit dem freiheitlichen österreichischen Politiker Herbert

Kickl. Beide sind Rechtsextreme mit dem Stallgeruch von Faschisten (Salvini) und Neonazis (Kickl; die Vorgängerpartei der FPÖ wurde von Nazis gegründet). Es sind zwei Männer, die alles daransetzen, das Europa, wie wir es kennen, aus seinen Grundfesten zu heben«, kommentiert die luxemburgische Tageszeitung *Tageblatt* den Vorfall in Wien.[132]

Salvinis Aussagen haben aber nicht nur Asselborn empört, sondern auch die afrikanischen Partner beleidigt, indem er von »Einwanderern als Sklaven« spricht. Die Afrikanische Union lässt sich das nicht gefallen, sie kritisiert Salvini scharf und erwartet eine entsprechende Entschuldigung: »Es ist die Sicht der Afrikanischen Union (AU), dass Beschimpfungen nicht die Herausforderungen lösen werden, mit denen Afrika und Europa konfrontiert sind«[133], teilt das Bündnis mit. Die Afrikanische Union ruft den Rechtspolitiker auf, seine »abfällige Bemerkung«[134] zurückzuziehen. Der Lega-Chef weist dieses Ansinnen jedoch zurück und dementiert jedwede Gleichsetzung von Migranten mit Sklaven. Aussagen und Inhalte zu leugnen gehört nun einmal zum rhetorischen und taktischen Instrumentarium von Populisten.

Das Verbalgefecht zwischen Salvini und Asselborn – für den italienischen Vizepremier ist es ein »interessantes Gespräch«[135] – ist einmal mehr der Beweis, wie unterschiedlich die Positionen der EU-Staaten zum Thema Flüchtlinge und Migration waren und noch immer sind.

Schlagabtausch aus der Ferne

Unmittelbar nach dem Eklat beim EU-Treffen in Wien geht der Schlagabtausch zwischen den beiden Politikern aus Luxemburg und Italien in die zweite Runde – diesmal aus der Ferne. Außenminister Jean Asselborn erhebt schwere Vorwürfe gegen Innenminister Matteo Salvini. Er sei von diesem »bewusst provoziert« und »in eine

Falle gelockt« worden. »Das war eine genau kalkulierte Provokation.«[136] Asselborn zürnt, dass das Video ohne sein Wissen aufgenommen wurde. Zudem habe es sich in diesem Fall nicht um irgendein Gespräch gehandelt. Wenn man künftig befürchten müsse, dass Treffen von EU-Ministern oder womöglich sogar von Staats- und Regierungschefs heimlich mitgeschnitten würden, »dann kann dort nie wieder eine ehrliche Diskussion stattfinden«.[137]

Der Luxemburger nimmt auch Bezug auf seine langjährige Erfahrung als EU-Politiker. »In 15 Jahren EU-Räten habe ich noch nie Worte gehört wie jene von Salvini. Nicht einmal die Polen oder die Ungarn haben sich so ausgedrückt.« Asselborn verweist auch darauf, dass der Video-Mitschnitt »kein Einzelfall« sei. Salvinis Leute »filmen systematisch alles, was Salvini sagt«, und die Entourage des Italieners würde in Sitzungssälen strategische Positionen einnehmen. In Wien habe er wie auch andere Teilnehmer von der Aufzeichnung nichts mitbekommen. Im Gespräch mit *Spiegel Online* stellt der Außenminister fest, dass »alle anderen betreten zu Boden geschaut haben, als Salvini locker darüber parlierte, dass Afrikaner als ›neue Sklaven‹ nach Europa geholt würden«.[138]

Gegenüber verschiedenen europäischen Medien betont Asselborn, dass er nichts von seinen Aussagen zurücknehmen wolle, wie etwa den Hinweis darauf, dass legale Migration für das alternde Europa notwendig sei, oder dass Zehntausende Italiener zum Arbeiten nach Luxemburg kämen. »Ich stehe zu dem, was ich gesagt habe.« Salvini wirft er vor, »die Methoden und Töne der Faschisten der Dreißigerjahre« zu verwenden.[139]

Der italienische Rechtspopulist reagiert prompt auf die Aussagen von Asselborn. Bei einer Parteiveranstaltung der Lega in Paderno Dugnano nahe Mailand holt er zynisch aus: »Unseren Großvätern, die ausgewandert sind, zahlte niemand die Verpflegung in Hotels, um den ganzen Tag nichts zu tun«, spielt er auf die Unterbringung von Flüchtlingen und Migranten in Italien an. Italien wolle nicht zu

»Europas Flüchtlingslager« werden, macht Salvini vor seinen Parteianhängern Stimmung gegen Fremde. »Wenn Asselborn Migranten will, können wir ihm Tausende nach Luxemburg schicken.« Und es wäre nicht Salvini, hätte er nicht noch einen Seitenhieb gegen das reiche Großherzogtum parat: »Luxemburg ist das EU-Land mit dem höchsten Pro-Kopf-Einkommen, weil es ein Steuerparadies und ein Land der Steuerhinterziehung ist, das uns keine Lehren erteilen darf.«[140]

Salvini kann es nicht lassen. Noch Tage nach dem Wiener Wortgefecht ist er verärgert, nachdem Asselborn ihn mit »Faschisten der Dreißigerjahre« verglichen hat. »Der sozialistische Minister eines Steuerparadieses nennt mich einen ›Faschisten‹, nachdem er unsere aus Italien eingewanderten Großväter mit den Illegalen von heute verglichen hat, nachdem er meine Rede mit dem Ruf ›Scheiße‹ unterbrochen hat«, schreibt Salvini auf dem Kurznachrichtendienst *Twitter.* Nach dem Vorbild des amerikanischen Präsidenten Donald Trump setzt Salvini täglich seine umstrittenen Slogans in den sozialen Medien ab. *Twitter*, *Facebook* und Co sind das wichtigste Instrument der politischen Selbstvermarktung des umtriebigen Populisten. Ganz besonders liebt der technologisch versierte Salvini Liveschaltungen und Videos in Eigenproduktion auf *Facebook*, wie das beim EU-Ministertreffen in Wien angefertigte Video. Damit pflegt er direkt die Kommunikation mit seinen Anhängern. Mehrere Millionen Menschen folgen dem italienischen Rechtspolitiker auf den sozialen Netzwerken. Seine begeisterten Fans bezeichnen den Lega-Chef einfach nur als ihren »Capitano«.

Als Reaktion auf den Vorfall mit Salvini und die Veröffentlichung des Video-Mitschnitts fordert Asselborn die europäisch gesinnten Parteien und Politiker zur Bildung einer »Anti-Populisten-Front« auf. »Uns Sozialdemokraten ist die Notwendigkeit klar, für Frieden und Freiheit, die Werte der EU, zu kämpfen«, erklärt er gegenüber der linksliberalen römischen Tageszeitung *La Repubblica.*[141] »Nach dem

Zweiten Weltkrieg haben wir das vereinte Europa aufgebaut, das auf gemeinsamen Gesetzen und Werten basiert. Die Populisten wollen das nationale Interesse über alles stellen. Sie wollen die EU zerstören, wie wir sie heute kennen. Das dürfen wir ihnen nicht erlauben«, fügt er in dem Gespräch mit der international angesehenen Zeitung hinzu.

Sprecher der Brüsseler Behörde: »Das spricht für sich selbst«

Am Sitz der EU-Kommission in Brüssel will man den Streit zwischen den Ministern von Italien und Luxemburg, Matteo Salvini und Jean Asselborn, bei dem EU-Afrika-Treffen in Wien nicht weiter kommentieren. Das Ereignis »spricht für sich selbst«, antwortet ein Sprecher der Behörde beim Mittagsbriefing auf Fragen von EU-Korrespondenten. Generell betont er, dass ein »gewisses Niveau der Kooperation und Loyalität zwischen den EU-Staaten wichtig ist«.[142]

Am Ballhausplatz in Wien, dem Sitz der Bundesregierung, gibt es vonseiten der türkis-blauen Koalition nur eine reservierte Stellungnahme zur Aufzeichnung und Veröffentlichung des Disputes zwischen Asselborn und Salvini. Bei formellen Treffen, heißt es lapidar, würden öffentliche Teile extra angekündigt. »Für informelle Treffen gibt es keine Regeln«, begründet das Bundeskanzleramt seine Zurückhaltung. »Als EU-Vorsitz ist uns ein offener, sachlicher und vertraulicher Austausch von Argumenten wichtig«, wird in der Stellungnahme gegenüber der österreichischen Presseagentur *APA* unterstrichen.[143] Dazu gehöre, andere ausreden zu lassen und respektvoll zu behandeln, kritisiert die EU-Ratspräsidentschaft den Umgangston der Diskutanten und kündigt an, darauf »auch zukünftig in geeigneter Form hinweisen« zu wollen.

Außenminister Jean Asselborn will in der Causa persönlich nichts unternehmen und verweist auf die Verantwortung der österreichischen Bundesregierung, die den EU-Vorsitz führt. »Mich interessiert die Substanz der Debatte, der Rest ist Sache der österreichischen Ratspräsidentschaft«, erklärt der Luxemburger im Interview mit dem *Kurier.*[144]

Nach Ansicht von namhaften Europarechtsexperten, wie dem Innsbrucker Universitätsprofessor Walter Obwexer, stellt das unerlaubte Filmen während einer nichtöffentlichen Ratssitzung und die Veröffentlichung des Video-Mitschnitts einen »groben Verstoß gegen die Geschäftsordnung des EU-Ministerrates« dar. Das Argument des Koalitionspartners FPÖ, es habe sich um einen »informellen Rat« gehandelt, für den es keine offizielle Geschäftsordnung gebe, findet Obwexer nicht akzeptabel. Für diese Räte gelte »analog« die Regelung aus Brüssel. »Da wie dort sind Sanktionen allerdings nicht vorgesehen, sollte die Geschäftsordnung verletzt werden«, erläutert der Universitätsprofessor.[145] Einig sind sich hohe EU-Diplomaten und Beamte darüber, dass »solche Maßnahmen«, wie von Lega-Chef Salvini praktiziert, »das Vertrauen der Teilnehmer eines EU-Ministerrates untergraben«.[146]

Ein Nachspiel hat der Vorfall zwischen Asselborn und Salvini bzw. die Veröffentlichung des Videos beim informellen Treffen der EU-Staats- und Regierungschefs am 19. September 2018 in Salzburg. Luxemburgs Premier Xavier Bettel rügt zum Auftakt des EU-Gipfels, dessen zentraler Inhalt die Migrations- und Asylpolitik der Europäischen Union ist, den österreichischen EU-Vorsitz. Der liberale Regierungschef bezieht sich auf das heimlich gefilmte Video von Italiens Innenminister Salvini eine Woche vor dem Salzburg-Gipfel. Er sei »enttäuscht von der österreichischen Präsidentschaft«. Denn er hätte erwartet, dass Österreich als EU-Vorsitz-Regierung sagt, »dass das nicht geht«, dass diese Methoden »verpönt« seien, betont Bettel.[147]

Auch EU-Kommissionspräsident Jean-Claude Juncker meldet sich zu Wort und stärkt seinem luxemburgischen Landsmann Jean Asselborn im Konflikt mit dem italienischen Innenminister den

Rücken: »Das, was da gesagt wurde, hätte man auch öffentlich sagen können«, erklärt Juncker in der Festspielstadt. »Die Art und Weise, wie der luxemburgische Außenminister sich ausgedrückt hat, war deutlich und verständlich«, kommentiert er die scharfe Replik Asselborns. »Ich bin ein alter Hase und habe schon viele Spannungen erlebt, auch solche rhetorischer Brachialgewalt«, stellt Juncker fest und verurteilt die Praktiken heimlicher Video-Aufnahmen und Informationsleaks: »In Europa sind diejenigen sehr beschäftigt, die dauernd Nachrichten durchstechen.«

Bis auf ablehnende Äußerungen gegenüber dem Vorgehen des italienischen Innenministers Matteo Salvini hat der Vorfall von Wien bis heute nicht zu Konsequenzen geführt. Offizielle Verbote, EU-Treffen zu filmen und zu veröffentlichen, wurden von EU-Seite noch nicht erlassen.

Asylcamps in Afrika und Ausschiffungsplattformen

Beim informellen EU-Gipfeltreffen in Salzburg, das einmal mehr schwerpunktmäßig dem Thema »Migration« gewidmet ist, beschäftigt sich die Runde der EU-Granden auch mit den Ergebnissen des Wiener EU-Afrika-Ministerrats am 14. September 2018.

Dabei geht es um einen Vorschlag von Innenminister Herbert Kickl für Asylcamps in Afrika. Den Plan bringt er als EU-Ratsvorsitzender ein, und er ist von der Machbarkeit dieser Asylcamps überzeugt. In einer gemeinsamen Pressekonferenz mit Italiens Innenminister Salvini verlangt der FPÖ-Politiker Asyl-Schnellprüfungen an Bord von Rettungsschiffen im Mittelmeer. Man könne die Boote gleich benutzen, »um die Überprüfungen auf Schutzbedürftigkeit durchzuführen«. Das habe »den Vorteil, dass die Schiffe für weitere Schleppereien aus dem Verkehr gezogen werden können«. Außerdem würden es dann nur noch zehn von 100 Personen auf europäischen

Boden schaffen, rechnet Kickl vor. In allem, was er sagt und vorschlägt, ist er eng mit Salvini abgestimmt.[148]

Uneins sind sich in Wien der österreichische Innenminister und Migrationskommissar Dimitris Avramopoulos in der Frage der Ausschiffungsplattformen. Avramopoulos bekräftigt, dass diese »unmöglich« seien, weil kein Land zugestimmt habe. Das bestätigt auch der spanische Innenminister Fernando Grande-Marlaska: »Kein afrikanisches Land hat die Bereitschaft zur Beherbergung von Ausschiffungsplattformen geäußert. Es ist schwer für ein Land, so etwas zu akzeptieren«, betont der sozialistische Politiker.[149]

Auf offener Bühne verkneift sich Kickl eine Kritik an dem EU-Kommissar, den er dann in kleiner Runde mit Salvini umso deutlicher angreift. »Die Idee der Ausschiffungsplattformen ist in etwa zwei Monate alt, und nach zwei Monaten wirft der EU-Kommissar offenbar schon die Flinte ins Korn.«[150] Dann wird der freiheitliche Politiker noch deutlicher in seiner Kritik an Avramopoulos. Es sei »nicht gescheit, wenn eines der wichtigsten Sprachrohre der EU einen solchen Satz in die Öffentlichkeit bringt«. Dies könne nämlich in Afrika »fälschlicherweise« so verstanden werden: »Wenn die das sagen, dann brauchen wir keine Anstrengung mehr zu unternehmen. Man soll nicht so tun und afrikanische Staaten aus ihrer Verpflichtung entlassen.«[151]

Zurück zum EU-Gipfel der Staats- und Regierungschefs in Salzburg: Zu den umstrittenen Ausschiffungsplattformen sagt Gastgeber und EU-Ratsvorsitzender Bundeskanzler Sebastian Kurz, dass es sich dabei um »ein bissl eine seltsame Wortkreation« handle, doch seien sie (die Ausschiffungsplattformen, Anm.) »die Lösung für die Migrationsfrage«. Kurz nennt diesbezüglich Ägypten als einen »wichtigen Partner«, aber auch andere Länder, wie etwa Tunesien oder Marokko, kämen infrage. Ob möglicherweise in Ägypten eine solche Plattform entstehen könnte, darauf antwortet Bundeskanzler Kurz: »Man sollte noch nicht alles medial zerkauen«[152], sonst würden die

Chancen sinken, die Pläne Wirklichkeit werden zu lassen. Ägypten nehme aber schon jetzt Migranten zurück, die von dort aus nach Europa aufgebrochen seien, erläutert der EU-Ratsvorsitzende. Auf seiner Gipfel-Vorbereitungstour reist Kurz gemeinsam mit Ratspräsident Donald Tusk nach Kairo, um die Möglichkeit einer engen Kooperation mit Ägypten auszuloten.

Als Bundeskanzler und Ratsvorsitzender gibt Sebastian Kurz bei der Verschärfung der Migrationspolitik den Takt vor. Er bekräftigt auch, dass unter Österreichs EU-Vorsitz der Vorschlag von EU-Kommissionspräsident Jean-Claude Juncker, die Mission von Frontex zum Schutz der EU-Außengrenze bis 2020 auf 10.000 Mann aufzustocken und das Frontex-Mandat auszuweiten, »zu hundert Prozent« unterstützt werde.[153] Die Migrationspolitik gilt als inhaltlicher Hauptschwerpunkt des österreichischen EU-Ratsvorsitzenden. Er will in Salzburg jene »Trendwende« in der Migrationspolitik vorantreiben, zu der es beim EU-Gipfel im Juni 2018 gekommen ist. Die EU-Kommission habe auf diese Gipfel-Vereinbarung reagiert und prompt Gesetzesvorschläge präsentiert, die neben der genannten Aufstockung der EU-Grenzschutzagentur Frontex auf 10.000 Beamte bis zum Jahr 2020 unter anderem auch eine Verlängerung der Abschiebehaft, raschere Rückführungen sowie die freiwillige Aufnahme von Schutzsuchenden vorsehen. Keinen konkreten Vorschlag macht die EU-Kommission jedoch beim Salzburger Gipfeltreffen für Anlande- und Ausschiffungsplattformen in Nordafrika. 2019 ist es still geworden um diese Maßnahmen.

Spanien, Italien und Griechenland melden sogleich »Souveränitätsbedenken« wegen einer möglichen Ausweitung des Frontex-Mandates an. Die genannten Länder wollen mitreden, wenn es um den Schutz der EU-Außengrenze geht, sie fühlen sich von der EU-Kommission übergangen.

Erneut nicht »mehrheitsfähig« erweist sich beim EU-Gipfel in der Festspielstadt die Frage nach einer gerechten Verteilung von

Flüchtlingen. Die Verteilung werde »das Problem der illegalen Migration nicht lösen«, sagt Bundeskanzler Kurz. Wie die Visegrád-Staaten hält er nichts von einer Verteilung der Flüchtlinge. Das Problem könne nur mittels strenger Kontrolle der EU-Außengrenzen gelöst werden, betont der ÖVP-Regierungschefs zum wiederholten Male.[154] Er legt den Fokus auf die Kooperation mit nordafrikanischen Staaten, im Besonderen mit Libyen. Menschen müssten dort gehindert werden, in Boote zu steigen, und sie dürften nicht automatisch nach Europa gebracht werden. Die Schlepperei sei »ein grausames Geschäft auf Kosten der Ärmsten der Armen«, sagt Sebastian Kurz. Auch das ist ein Standard-Satz. Allerdings gibt er zu, dass die Ankünfte von Flüchtlingen massiv zurückgegangen seien, auch die Zahl der Toten. Also: »Die Richtung stimmt«, stellt er zufrieden fest.

EU-Ratspräsident Donald Tusk präzisiert die Erfolge der Migrationspolitik. Er nennt die Zahlen: Die Neuankünfte von Flüchtlingen seien von zwei Millionen im Jahr 2015 »auf weniger als 100.000 im Jahr 2018« gesunken.[155] »Das ist weniger als in den Jahren vor der Krise. Trotz der aggressiven Rhetorik bewegen sich die Dinge in die richtige Richtung«, fügt der Ratspräsident hinzu, und er kritisiert jene Länder, die kein Interesse an einer Lösung der Flüchtlingskrise haben: »Wir können nicht länger gespalten sein in diejenigen, die die Krise lösen wollen, und die, die sie für politische Spiele benutzen wollen.«[156]

Scharfe Kritik kommt in Salzburg auch von EU-Kommissionspräsident Jean-Claude Juncker: »Wir kommen in Sachen Regelung der illegalen Migration nicht weiter. Das scheitert nicht am guten Willen oder an den Vorschlägen der Kommission, sondern am beharrlichen Sich-nicht-einigen-Wollen der Mitgliedstaaten«, hält der Christdemokrat den EU-Regierungen den Spiegel vor.[157] Wenn die EU in der Welt ernst genommen werden wolle, dürfe sie nicht »weiterhin auftreten wie ein ungeordneter Hühnerhaufen«, moniert Juncker.

9. THEATER GEGEN RECHTS:
»Alles kann passieren!«

»Merde alors!« ist der empörte Fluch, den Asselborn bei der informellen EU-Ratssitzung in Wien im September 2018 dem italienischen Innenminister Matteo Salvini entgegenschleudert. Unmittelbar davor hat sich der Rechtspopulist herabwürdigend, beleidigend, in rassistischer Manier gegenüber Flüchtlingen, die nach Europa kommen, geäußert.

Asselborns Ausspruch »Merde alors!« und sein Auftreten gegenüber rechtspopulistischen Politikern haben den österreichischen Schriftsteller und Historiker Doron Rabinovici sowie den Journalisten Florian Klenk, Chefredakteur der Wiener Stadtzeitung *Falter*, veranlasst, die Rhetorik von Matteo Salvini, Herbert Kickl, Viktor Orbán, Jarosław Kaczyński, Mateusz Morawiecki, Heinz-Christian Strache, Norbert Hofer und Miloš Zeman in einem Buch und einem Theaterstück zu entlarven.

In dem aufwühlenden Text fügen Rabinovici und Klenk Reden und Statements populistischer, nationalistischer und rechtsextremer Politiker verschiedener europäischer Staaten zu einer Montage zusammen. Ziel der Autoren ist es, aufzurütteln und zu zeigen, wie sehr sich eine Allianz der Rechten in Europa formiert und ihre Inhalte und radikalen Aussagen bereits die Mitte der Gesellschaft erreicht haben. »Es gibt keinen Grund, dem ruhig zuzuschauen, sondern man muss sich im Klaren sein, das ist eine Gefahr. Auf diese Gefahr zu antworten, heißt aber nicht, einfach in Melancholie oder Fatalismus zu verfallen, sondern zu sagen, was ist«, erklärt Doron Rabinovici das Vorhaben.[158]

Die Premiere des Stückes findet am 21. November 2018 im Wiener Akademietheater statt. Die Aufführung, bei der vier sehr bekannte Burgschauspielerinnen[159] die finsteren Texte lesen, ist binnen weniger Stunden ausverkauft. Viel ist in den Texten vom »Volk« die Rede, von

»Feinden«, von Bedrohungen aller Art, von »Heimat«, »Ehre« und auch von »Freiheit«, die Rechtspopulisten meinen. Matteo Salvinis Aussagen im Europäischen Parlament werden vorgetragen, wo er den Abgeordneten unverschämt empfiehlt: »Euch sollte ein sehr guter Arzt therapieren.« Oder Viktor Orbáns Hetze gegen das »Imperium« von George Soros und die »Invasion der Migranten«. Der ungarische Ministerpräsident hängt ja, wie bereits angesprochen, der Verschwörungstheorie an, wonach die EU-Kommission einen Plan des liberalen, in Ungarn geborenen US-Milliardärs George Soros umsetzt, wonach jährlich eine Million »Migranten« nach Europa gebracht werden sollen. Im Text kommt auch Herbert Kickls Verhöhnung der Abgeordneten des Nationalrates als »mieselsüchtige Gestalten« vor. »Ein Mosaik des Grauens« nennt Florian Klenk die Texte bei der vorgeschalteten Einführung ins Stück, von einem »Stimmorkan gegen die offene Gesellschaft« spricht Doron Rabinovici. Die Inszenierung ist nicht laut, nicht polternd, sondern still, der Hintergrund der Bühne ist schwarz und öffnet den Raum in die dunkle Welt der Populisten. Die Schauspielerinnen lesen den Text emotionslos und monoton, wie Nachrichtensprecherinnen im analogen Zeitalter. Es gibt keine szenische Ablenkung, Konzentration auf die Worte ist gefordert. »An der Sprache könnt ihr sie erkennen«, erklären Klenk und Rabinovici. Und das genaue Zuhören lohnt sich, »denn sie sagen, was sie vorhaben«.

Unterbrochen wird die Lesung von Zitaten bekannter Persönlichkeiten und Autoren: Victor Klemperer, Erich Kästner oder Hannah Arendt, die feststellt: »Lügen erscheinen dem Verstand häufig viel einleuchtender und anziehender als die Wahrheit, weil der Lügner den großen Vorteil hat, im Voraus zu wissen, was das Publikum zu hören wünscht.« In Wien, wo zum Zeitpunkt der Uraufführung die türkis-blaue Koalition von ÖVP und FPÖ knapp ein Jahr im Amt ist, wird das Stück vom Publikum gefeiert.

Zur Premiere eigens angereist ist Luxemburgs Außen- und Migrationsminister Jean Asselborn, der die politischen Entwicklungen nach rechts auf europäischer Ebene erlebt. Zur Aufführung in das Akademietheater begleitet ihn sein Freund, der ehemalige Bundespräsident Heinz Fischer. Umso eindringlicher empfindet Asselborn die Schlussszene des Stücks, als die Schauspielerinnen aus ihren Rollen heraustreten. »Das Wesen der Zukunft ist Folgendes: Alles kann passieren!«, sagt eine. »Später wird keiner geglaubt haben, wozu die imstande gewesen sein werden; und niemand wird gewollt haben, was alles noch passieren konnte.« Ein Weckruf gegen die illiberale Welle in Europa.

In mehreren europäischen Städten hat es bisher Aufführungen von »Alles kann passieren!«, Lesungen und Diskussionen gegeben – mit viel Applaus und Zustimmung. Am 10. Mai 2019 steht das Stück mit den vier Burgtheater-Schauspielerinnen (diesmal Andrea Clausen, Stefanie Dvorak, Petra Morzé und, anstelle von Sabine Haupt, Christiane von Poelnitz) als Gastspiel auf dem Programm des Théâtre National du Luxembourg.

Als Ehrengast ist Jean Asselborn geladen. Für ihn ist die Aufführung »noch einmal eine Reflexion über die gefährlichen Auswüchse des Rechtspopulismus und Rechtsextremismus« – auch wenn er in der anschließenden Diskussion mit den Autoren Florian Klenk und Doron Rabinovici erklärt, dass Rechtspopulisten »nichts Neues in Europa sind, kein Phänomen der vergangenen fünf Jahre«. Asselborn zählt einige Beispiele auf: So gründete der französische rechtsextreme Politiker und Holocaustleugner Jean-Marie Le Pen 1972 die rechtsextreme Partei Front National und wurde ihr Vorsitzender. In Italien gibt es eine Tradition neofaschistischer Gruppierungen und Parteien, deren Anhänger rechtsextreme Ansichten vertreten und die Demokratie zugunsten einer Diktatur ablehnen. Auch der Vlaams Belang (bis 2004 Vlaams Blok genannt), eine rechtsextreme, separatistische Regionalpartei in Belgien, besteht seit 1979. In den Niederlanden etablierte Pim Fortuyn Anfang der 2000er-Jahre den Rechtspopulismus. 2006 gründete Geert Wilders die rechtspopulistische, ausländer- und islamfeindliche »Partei für die Freiheit«. Jean Asselborn betont allerdings, dass es 2015/16 durch das Erstarken rechter, nationalistischer Parteien zu einer »Zäsur der liberalen Gesellschaft in Europa« gekommen ist.

»Eine schöne Idee«

In der Folge der »Alles kann passieren!«-Theateraufführungen und Debatten wird der mittlerweile legendäre Ausspruch des Ministers auf Tausende T-Shirts gedruckt und von Jean Asselborn signiert. »Sportunity«, eine gemeinnützige NGO, die Sportaktivitäten von Flüchtlingen fördert und unterstützt, hat die Initiative ins Leben gerufen. »Das ist eine schöne Idee«, freut sich der Außenminister. Die Erlöse aus dem T-Shirt-Verkauf, die sich auf 14.000 Euro belaufen, kommen »Sportunity« zugute.

10. POLITIK UND RADSPORT: Eine unteilbare Leidenschaft

Am 27. April 2019 feiert Jean Asselborn seinen 70. Geburtstag in Wien. Auf Einladung seiner Freunde, des ehemaligen Bundespräsidenten Heinz Fischer und des ehemaligen österreichischen Bundeskanzlers Franz Vranitzky, nimmt der luxemburgische Außenminister an einer Diskussionsveranstaltung im Bruno Kreisky Forum für internationalen Dialog teil. Das Thema ist breit gefasst, so ganz nach dem Geschmack von Jean Asselborn: »Die Zukunft der Europäischen Union, Migrationspolitik und Menschenrechte«.

In seiner Rede appelliert Asselborn, in allen Politikbereichen »die Substanz Europas zu retten«. »Substanz Europas«, das sind für ihn nun einmal »Gemeinsamkeit« und »gemeinschaftliches Handeln«, das »Solidarität als Prinzip« voraussetzt und bedingt. »Die Seele der EU ist, gemeinschaftlich zu handeln«, eine unumstößliche Doktrin. Aber gerade an Solidarität und gemeinschaftlichem Handeln mangelt es in der EU. Als ein Beispiel nennt der Außenminister die Flüchtlingspolitik. Er warnt in diesem Zusammenhang vor einem »Außengrenzschutz-Fetischismus« und fordert ein umfassendes Migrationskonzept der EU. Ein solches müsse auch die »Zuwanderung besser regeln«. Vehement setzt sich Asselborn dafür ein, »Arbeitsmigration zu legitimieren«, »legale Fluchtwege festzulegen« und »Rückführungen von nicht Asylberechtigten effizienter zu organisieren«. Ganz allgemein geht es Jean Asselborn aber auch darum, »Fluchtursachen stärker zu bekämpfen«. Das heißt, die ökonomischen Bedingungen in den Herkunftsländern von Flüchtlingen zu verbessern, in Bildung zu investieren, demokratische Systeme und Regierungen zu fördern und zu unterstützen, den Handel fairer zu gestalten sowie soziale und ökonomische Ungleichheiten zu reduzieren. Nicht zum ersten Mal betont Luxemburgs Chefdiplomat bei seiner Rede in Wien, dass »die EU heute weniger auf Flüchtlinge vorbereitet ist als noch im Jahr 2015«.

Nach der lebhaften Diskussion im Bruno Kreisky Forum ist der Festakt für Jean Asselborn aber noch nicht zu Ende. Noch ein Punkt steht auf dem Programm der Veranstaltung: ein Besuch in einem bekannten Heurigenlokal im 19. Wiener Gemeindebezirk. Ausgewählte Gäste sind geladen, die Tische feierlich gedeckt. Beim Anstoßen auf seinen runden Geburtstag mit einem Glas Weißwein hält sich Asselborn aber zurück. »Ich trinke fast keinen Alkohol. Das ist dem Sport geschuldet«, sagt er lächelnd. Auch beim Essen ist er vorsichtig. Auf Fett und Kohlenhydrate verzichtet er gerne, Fisch, Salat und Gemüse lautet seine Ernährungsdevise. Asselborn achtet auf seine Gesundheit und seine körperliche Fitness. Diese braucht er nicht nur für den stressigen Alltag als Außenminister, die oftmals mühsamen Ministerräte in Brüssel sowie die zähen und zermürbenden Verhandlungen mit seinen Amtskollegen. Er braucht die Kondition auch für seine zahlreichen Besuche in und außerhalb der Europäischen Union. Damit sind auch zehrende Langstreckenflüge verbunden. »Als Außenminister eines kleinen Landes fliege ich Linie, das ist mitunter zeit- und kraftraubend.«

Jean Asselborn benötigt die Ausdauer und Leistungsfähigkeit aber nicht nur für seinen Lieblingsberuf Politiker, sondern auch für seinen Lieblingssport, das Radfahren. Zwischen 10.000 und 12.000 Kilometer legt er auf seinem federleichten Profi-Rennrad durchschnittlich im Jahr zurück – und das schon seit mehr als zwei Jahrzehnten. »Für die Politik braucht man mentale und körperliche Kraft. Ausdauer ist sehr wichtig. Ich brauche aber auch einen Ausgleich zum stressigen Alltag. Das Fahrradfahren erlaubt mir einfach mal abzuschalten, den Kopf frei zu bekommen und Sauerstoff zu tanken«, erklärt er seine Leidenschaft für den Fahrradsport. Selbst nach Langstreckenflügen und anstrengenden Dienstreisen geht er nach der Ankunft in Luxemburg nicht schlafen, sondern steigt aufs Rad, um mindestens zwei Stunden in der Natur zu verbringen. »Ein Fitness-Studio kommt für mich nicht infrage«, stellt

Jean Asselborn entschieden fest. »Ich brauche die Luft. Im Sommer arbeite ich auch im Garten.«

»Wenn ich nicht mehr Rad fahren kann, ist der Ofen aus«

Das Radfahren ist für den Außenminister ein Gradmesser für körperliche Fitness und Politikfähigkeit. »Auf dem Rad denke ich über meine Grenzen nach. Je älter man wird, desto steiler werden die Berge. Das Rad«, sagt er nach langer Pause mit nachdenklichem Blick, »zeigt einem ganz deutlich die körperlichen Grenzen auf. Wenn ich nicht mehr Rad fahren kann, ist der Ofen aus.« Doch davon ist er weit entfernt, daran will er gar nicht denken. Auch nach seinem 70. Geburtstag hat er es sich zum Ziel gesetzt, weiterhin Tausende Kilometer jährlich zurückzulegen, auch auf unwegsamen, abenteuerlichen Bergstraßen. Während die meisten Politiker es sich im Sommer gerne gemütlich machen oder exotische Länder bereisen, tritt Jean Asselborn regelmäßig in die Pedale. Ende Juli, Anfang August durchquert er mit dem Rad ganz Frankreich. Von Luxemburg bis an die Côte d'Azur. Mit Umwegen schafft er rund 1500 Kilometer, die er innerhalb von drei Wochen zurücklegt. Start der Fahrradtour ist oft die Champagne, genauer Chalôns-en-Champagne. Von dort geht es an die Loire, weiter durch die Provence bis an die Côte d'Azur. Die Route ändert sich von Jahr zu Jahr. Doch was immer gleich bleibt, ist das Bezwingen des legendären Mont Ventoux.

Er fühle sich so lange »nicht müde«, solange er mindestens einmal auf den 1912 Meter hohen Mont Ventoux in Südfrankreich fahren kann. Der Ventoux ist jedes Mal die Königsetappe auf seiner Tour. Selbst Tour-de-France-Profis fürchten diesen gigantischen Berg in der Provence mit seinen steilen Rampen. Auf *Facebook* postet Jean Asselborn dann regelmäßig ein Foto, das ihn auf der Bergspitze zeigt. Triumphierend schreibt er auf Französisch: »Mission accomplie, j'ai gravi le sommet du Mont Ventoux à bicyclette.« (Mission erfüllt, ich habe den Gipfel des Mont Ventoux auf dem Fahrrad erklommen.)

Erfolgreicher Gipfelstürmer des Mont Ventoux

Dabei ist die Reise im Sommer 2019 eine ganz besonders herausfordernde: »Ich wollte meinen physischen und psychischen Zustand nach einem schweren Sturz beim Wandern auf Mallorca Anfang Juni und dem folgenden Krankenhausaufenthalt überprüfen.« Den körperlichen Eignungstest besteht er bravourös und stellt am Ende der Rundfahrt zufrieden fest: »Solange ich den Aufstieg auf den Ventoux schaffe, fühle ich mich fit für die Politik.« Nur selten erzählt er, dass er noch ein Geheimnis hat, um sich fit und gesund zu halten: Wenn er morgens aufsteht, nimmt er nicht sofort sein iPhone zur Hand, um die neuesten Nachrichten zu checken. Nein. Er trinkt ein Glas Wasser mit Apfelessig und etwas Honig. »Das schmeckt zwar nicht besonders gut, aber es hilft, Fett in Energie umzuwandeln. Wenn Sie das jeden Tag machen, werden Sie alt und können lange Fahrrad fahren.«

Am 26. Juli 2019 startet er in Châlons-en-Champagne. Die Route führt ihn über Troyes, Avallon, Château-Chinon, Moulins, Thiers, Le Puy-en-Velay, Génolhac, Avignon und Saint-Saturnin-lès-Apt. Zehn Tage später, am 6. August, erreicht er sein Ziel, den Gipfel des Mont Ventoux. Auf dem Berg angekommen, der Endstation seiner ganz privaten Tour de France, darf das Beweisfoto mit dem berühmten Namensschild und den bezwungenen Höhenmetern nicht fehlen. Umgehend stellt Jean Asselborn das Bild online. Als letzten Eintrag zum Finale der Tour 2019 postet er ein fiktives Interview zwischen einem Fahrrad und einem Radfahrer, bei dem sich beide über die Qualen unterhalten, die der Anstieg mit sich bringt. Nach der anstrengenden Tour und dem Bezwingen des Berges gönnt sich Asselborn einige Tage Erholung mit der Familie im Luberon.

Jean Asselborn bezwingt jährlich auf seiner ganz privaten Tour de France den berühmten Mont Ventoux, hier im Jahr 2019

Tagebuch auf *Facebook*

Auf der Reise durch verschiedene Departements überlässt Jean Asselborn, ein talentierter PR-Profi und Kommunikator, nichts dem Zufall. Seine computergesteuerte Uhr zeichnet jeden Kilometer auf, die Dauer der Fahrt und das Tempo. Selbstverständlich werden auch der Puls gemessen und die verbrauchten Kalorien genau gezählt. Mit einer Durchschnittsgeschwindigkeit von 22,6 Kilometer pro Stunde ist im Sommer 2019 unterwegs. Täglich veröffentlicht er die Daten in den sozialen Medien.

Meistens fährt er allein und muss dann auch noch das ganze Gepäck mitschleppen. Was er mitführt, ist auf einer Liste penibel vermerkt, auch das kann man auf seiner *Facebook*-Seite nachlesen. Ab und zu leisten ihm Freunde Gesellschaft, mit denen er dann die Abende in abgeschiedenen, kleinen Dörfern verbringt. Jahr für Jahr an seiner Seite ist sein Freund Ed Kirsch mit seiner Partnerin Olga. Gelegentlich stößt auch seine Frau Sylvie dazu und begleitet ihn eine Etappe lang. Asselborn will aber hier auch seinen treuen Radgefährten Nic Olinger nicht unerwähnt lassen. Ab dem Jahr 1996 ist er mit ihm 15 Jahre lang die August-Radtouren von Luxemburg durch Frankreich, die Schweiz und Italien gefahren.

Abend für Abend postet Jean Asselborn einen kurzen Bericht der Tagesetappe samt Fotos. Für Radfreaks skizziert er die genaue Streckenführung jeder Etappe mit allen Anstiegen und Abfahrten, inklusive Geschwindigkeit und Schwierigkeitsgrad. Je nach Lust und Laune schreibt er auch über das Wetter, die Menschen, denen er begegnet, und die herrlichen Landschaften entlang der Strecke. Auch die Restaurants, Bistros und Cafés, die er am Abend besucht, werden bewertet. Sehenswürdigkeiten, alte Kirchen, Schlösser, Denkmäler bekannter Persönlichkeiten oder kleine Museen erwähnt er in seinen Texten und gibt kurze historische Abrisse. Asselborns Reisetagebuch liest sich wie eine Tour d'Horizon durch Frankreichs reiche Geschichte.

So erfährt man beispielsweise auch, dass sich der ehemalige französische Staatspräsident François Mitterrand von der Terrasse des Vieux Morvan, eines Hotels im Naturpark Morvan, live an das französische Volk wandte, nachdem er im Mai 1981 zum Präsidenten der Republik gewählt wurde.

Jean Asselborn lässt seine Freunde in den sozialen Medien an jeder Etappe seiner Radtour teilhaben, seine Empfindungen und Gedanken sind öffentlich. Und wie könnte es anders sein, seine Eintragungen auf *Facebook* haben sehr oft das europäische Integrationsprojekt zum Inhalt. Die Bedeutung und Bestimmung der EU sieht Asselborn eben nicht nur in der Wirtschafts- und Währungsgemeinschaft, im Binnenmarkt, sondern in erster Linie in der Verpflichtung zum friedlichen Zusammenleben der Länder und Völker. »Das ist für mich die Substanz, die Essenz von Europa.«

Unangenehm ist Jean Asselborn die Erinnerung an seine Radtour im Jahr 2015. Damals wird ihm seine *Facebook*-Seite auf dem Weg zum Gipfel des Mont Ventoux gesperrt. Um live von seiner rund 1400 Kilometer langen Radtour berichten zu können, hat er eigens die *Facebook*-Seite »Jang Tdf« eingerichtet. Einem Internetnutzer kommt das verdächtig vor, er meldet sie, da er einen Fake hinter der Seite vermutet. Sie wird umgehend gesperrt. Erst als der Außenminister ein Foto von seinem Diplomatenpass in die *Facebook*-Zentrale nach Amerika schickt, wird die Seite wieder freigeschaltet.[160]

Auffallend ist, dass der Außenminister konsequent auf Selfies verzichtet. Vielmehr lässt er sich gerne mit seinem Rennrad von anderen Touristen vor diversen Denkmälern, prächtigen Sonnenblumenfeldern, Flussufern oder vor alten Bistros entlang der Route ablichten.

Doch so problemfrei wie im Sommer 2019 verlaufen Jean Asselborns Solo-Fahrradtouren quer durch Frankreich nicht immer. Als er im Sommer 2008 den Splügenpass in den Alpen überquert, klingelt das Handy: Sein damaliger deutscher Kollege Frank-Walter Steinmeier meldet sich und ruft ihn zurück nach Brüssel, wo das EU-Außenministertreffen wegen des Kaukasus-Konfliktes stattfindet. Bei dem eilig einberufenen Krisentreffen der EU-Außenminister unter französischer Ratspräsidentschaft geht es um Auseinandersetzungen in den von Georgien abtrünnigen Provinzen Abchasien und Südossetien: Georgische Truppen rücken in die Hauptstadt der Provinz

Sylvie Asselborn begleitet ihren Mann Jean oft auf seiner Radtour durch Frankreich

Südossetien ein. Es kommt zu Kämpfen zwischen den dort stationierten russischen Truppen und dem georgischen Militär. Der sogenannte georgisch-russische Krieg wird bereits nach fünf Tagen durch einen von der EU vermittelten Waffenstillstand beendet. Insgesamt zweimal auf seiner Reise vom luxemburgischen Schengen nach San Remo muss Jean Asselborn sein Rennrad im Hotel parken und zu den außerordentlichen Ministerräten nach Brüssel fliegen. Nach der Sitzung kehrt er am Abend wieder zurück, er will keine Etappe seiner durchgeplanten Tausend-Kilometer-Tour verpassen. Zwischendurch informiert Steinmeier seinen Kollegen nicht nur über außenpolitische Ereignisse, sondern auch über den gescheiterten Versuch des Luxemburger Radrennfahrers Andy Schleck, in Peking Gold zu holen. Steinmeier scherzt damals gegenüber seinem Freund Asselborn: »Willst du es 2012 in London versuchen?«[161]

Trotz erschwerter Bedingungen und ständiger diplomatischer Interventionen wegen der Georgien-Krise bringt Jean Asselborn im Sommer 2008 seine Fahrradtour doch noch erfolgreich zu Ende.

Auch im Jahr 2016 muss er seine Radtour unterbrechen. Am 5. August 2016 findet das Außenministertreffen der deutschsprachigen Länder in Liechtenstein statt. Schnell wechselt Jean Asselborn seine knallrote Sportkleidung gegen einen dunklen Business-Anzug, weißes Hemd und Krawatte. Mit dem Dienstwagen fährt er von Bourg-en-Bresse in der Region Auvergne-Rhône-Alpes im Osten Frankreichs in die kleine Gemeinde Balzers in Liechtenstein. Hier kommen die Außenminister Frank-Walter Steinmeier (Deutschland), Aurelia Frick (Fürstentum Liechtenstein), Didier Burkhalter (Schweiz), Sebastian Kurz (Österreich) und Jean Asselborn zusammen, um in schwüler Atmosphäre und Gewitterstimmung über den Brexit, den Krieg in Syrien, über die Rolle der OSZE in der Ostukraine und selbstverständlich auch über die Lage der Flüchtlinge in der Türkei und auf den griechischen Inseln zu diskutieren. Im August 2016 bahnt sich der Höhepunkt der Flüchtlingskrise bereits an, wie sie gelöst werden kann, das weiß keiner der Politiker so genau. In den Tagebuch-Aufzeichnungen von Außenminister Jean Asselborn über das Treffen in Liechtenstein findet sich nur eine kurze Bemerkung: »Möge unsere Zusammenkunft ebenso erfolgreich sein wie meine alpine Radfahrtour.« Damit deutet er unmissverständlich an, dass Radfahren dann doch noch schöner ist als Außenminister zu sein.

Asselborn und Kerry schwingen sich aufs Fahrrad

Das Radfahren setzt Jean Asselborn auch gerne strategisch ein, zur Vertrauensbildung, zur Vertiefung von Freundschaften oder ganz einfach zur Entspannung nach hitzigen Debatten. Radfahren ist für

Nach einem politischen Treffen im Juli 2016 hat Jean Asselborn mit US-Außenminister John Kerry noch eine Radtour unternommen

Jean Asselborn Diplomatie mit anderen Mitteln. Es kommt immer wieder vor, dass er in seiner Funktion als Luxemburgs Außenminister auch Staatsgäste zu einer kleinen Radtour einlädt. So auch im Juli 2016 den amerikanischen Außenminister John Kerry, der auf Visite ins Großherzogtum kommt. Nach dem offiziellen Besuchsprogramm im Großherzogtum schwingt sich der fahrradaffine US-Chefdiplomat gemeinsam mit seinem Amtskollegen und Gastgeber sowie dem luxemburgischen Ex-Radrennfahrer Andy Schleck in den Sattel. Begleitet wird das Team von mehreren Personenschützern. Zur Überraschung der Bewohner und vor allem der internationalen Medienvertreter drehen sie einige Runden bei Steinfort, der Heimatgemeinde von Jean Asselborn.

Rasen mähen zur Entspannung

Am Rande von Steinfort führt eine schmale Straße zum Haus der Familie Asselborn, das auf einer kleinen Anhöhe steht. Bäume säumen die Zufahrt. Der Garten, der sich vor dem Haus erstreckt, gibt den Blick frei auf Wiesen und Wälder. Das einstöckige moderne Gebäude fügt sich gut in die hügelige Landschaft. Hier lebt Jean Asselborn mit seiner Frau Sylvie und einem Hund. Der Garten mit altem Baumbestand, Sträuchern und bunten Blumenbeeten ähnelt einem kleinen Park, sehr gepflegt. Der Hausherr kümmert sich in seiner raren Freizeit um den Rasen. »Bei der Gartenarbeit finde ich Entspannung von meiner stressigen Tätigkeit.« Immer dann, wenn es das Wetter nicht zulässt, sich aufs Fahrrad zu schwingen, wirft Jean Asselborn in Shorts, T-Shirt und Blouson gekleidet die Gartengeräte an. »Du Loudervéi do«, flucht er leise, wenn der Rasenmäher oder die Heckenschere nicht sofort anspringt.

Diese Szene, in der es ihm nicht gelingt, den Rasenmäher sofort anzuwerfen, sieht man im beeindruckenden Dokumentarfilm über Jean Asselborns Leben mit dem Titel »Foreign Affairs«.[162] Regisseur Pasha Rafiy zeigt in seiner einfühlsamen Filmreportage aus dem Jahr 2016 nicht nur die großen Auftritte Asselborns auf der Weltbühne, sondern lässt auch Einblicke in das private Leben des Außenministers zu.

Als er gerade die dichte, hoch gewachsene Hecke schneidet, klingelt Asselborns iPhone. Das Handy trägt er stets mit sich. »Hallo, hallo« – es ist Heinz Fischer, der Bundespräsident von Österreich. Sie sprechen über die letzte Irak-Reise des Außenministers. »Schiiten und Sunniten sind zurzeit nicht fähig, im Irak friedlich zusammenzuleben.«

Luxemburgs Chefdiplomat telefoniert ununterbrochen, in den sozialen Medien ist er aktiv wie die junge, digitale Generation. Nichts entgeht ihm, und gezielt postet er seine Botschaften.

Pasha Rafiy ist es gelungen, Außenminister Jean Asselborn als Stimme des kleinen Luxemburg in den Krisenzentren der Welt und in zahlreichen Gesprächen mit Amtskollegen und Regierungschefs darzustellen: Jean Asselborn im Weltsicherheitsrat der UNO, Jean Asselborn in enger Fahrradbekleidung bei der Bezwingung des Grand Saint-Bernard, Jean Asselborn im Iran, wo ihm die Unterschiede zwischen Schiiten und Sunniten erklärt werden und er im Gespräch mit Vertretern des iranischen Regimes auf die Gleichberechtigung von Mann und Frau pocht. Der Regisseur ist mit seiner Kamera immer dabei und ganz nah am Geschehen. Pasha Rafiy begleitet den Außenminister 18 Monate lang auf seinen zahlreichen Reisen und Treffen mit den Großen dieser Welt. Man sieht Jean Asselborn mit dem damaligen UN-Generalsekretär Ban Ki-moon ebenso wie erschütternde Szenen in Flüchtlingslagern im Nordirak. Der 75 Minuten lange Film lässt einen erfahren, wie Jean Asselborn in seiner Aufgabe als Chefdiplomat des Großherzogtums Luxemburg ankommt: authentisch, sympathisch und rastlos im Engagement für sein Land und das europäische Projekt. »Wir Luxemburger wissen, dass wir ohne Europa keine Überlebenschance haben«, betont der Außenminister.

Man gewinnt auch Einblick in seine Arbeitsmethode, die seinen Mitarbeitern viel Flexibilität abverlangt. Zu jeder Tages- und Nachtzeit sitzt er mit seinem eingespielten Team zusammen, immer dabei ist sein langjähriger Pressesprecher, der junge Diplomat Thomas Barbancey. Permanent getrieben von innerer Unruhe, erwartet der Minister schnelle Informationen und rasche Entscheidungen. Seine Ungeduld ist oft grenzenlos: »Er lässt sich schon etwas erklären, aber dann muss man sehr, sehr gut vorbereitet sein, und man muss sich kurzfassen, sonst hört der Minister nicht mehr zu«, beschreibt diplomatisch ein ehemaliger enger Mitarbeiter Asselborns Arbeitsstil.

Das sonst so diskret arbeitende und verschlossene Außenministerium gewährt in dem Film seltene Einblicke. Man wird Zeuge, wie zwei Diplomaten mit ihrem Chef an einer Rede über das nukleare

Potenzial des Iran schreiben. Seit vielen Jahren ein gefährliches Thema. Aber wie so oft kommt vieles, was Jean Asselborn letztendlich zu bedenken gibt, aus dem Bauch heraus. »Manchmal reagiere ich bestimmt etwas zu spontan«, gibt er selbstkritisch zu.

Die Dokumentation von Pasha Rafiy fängt auch ganz private Situationen ein: Jean Asselborn zu Hause eingehüllt in eine dicke Wolldecke auf dem weißen Ledersofa bei einem Powernap in seinem Salon.

In einer Filmkritik des *Luxemburger Wort*, der angesehenen konservativen Tageszeitung des Landes, wird die Reportage gelobt und als »empfehlenswert« eingestuft: »Der Film zeigt Jean Asselborn …, der es mit viel Fleiß bis an die Spitze der Luxemburger Diplomatie geschafft hat und Gespür für die eigene Medieninszenierung besitzt.«[163] Der langjährige Außenminister drückt es in einem unserer zahlreichen Gespräche, in denen er nicht gerne über sich selbst spricht, etwas anders aus: »Ich musste mir alles hart erarbeiten.« Asselborns Antrieb und Energie, sich stets neu zu beweisen, sind groß.

11. WAS JEAN ASSELBORN WICHTIG IST

»Wir haben die Mittel und das Vermögen, unsere Probleme zu lösen, wenn wir nur auch den politischen Willen dazu haben.«
Kofi Annan, ehemaliger UN-Generalsekretär

****

»Demokratie ist mehr als die Definition einer Staatsform, sie ist die unabdingbare Voraussetzung für Freiheit, Frieden und Wohlstand. Die Demokratie ist aber keine Selbstverständlichkeit, kein Perpetuum mobile, wir müssen uns dafür immer wieder einsetzen. Denn unsere Demokratie ist immer nur so stark, wie wir sie stark machen. Das gilt auch für die europäische Demokratie.«
Jean Asselborn

****

»Nur mit klaren Worten und Positionen ist Politik zu verstehen. Man muss den Menschen die Ängste nehmen.«
Jean Asselborn

Als Maxime seines Handelns zitiert Jean Asselborn gerne den ehemaligen Generalsekretär der Vereinten Nationen Kofi Annan. Der ghanaische UN-Spitzendiplomat hat »Freiheit, Entwicklung, Sicherheit und Menschenrechte als Prinzipien gut regierter Länder definiert«.[164] Daraus hat der Generalsekretär abgeleitet, dass »wir ohne Entwicklung keine Sicherheit genießen können, dass wir ohne Sicherheit nicht in den Genuss der Entwicklung kommen, und dass wir beides nicht genießen können, wenn die Menschenrechte nicht geachtet werden«.[165]

Überzeugt vom Konzept der UNO, ist es für Jean Asselborn nur folgerichtig, ein Verfechter des Multilateralismus zu sein, eines Wertesystems, das politische und gesellschaftliche Probleme gemeinsam und grenzüberschreitend löst. Multilateralismus bedeutet auch, dass Länder beim Verfolgen ihrer Interessen auf andere Staaten Rücksicht nehmen. Der Außenminister bedauert zutiefst, dass »Werte des Multilateralismus einem falschen Patriotismus gewichen sind«. Nationale oder nationalistische Politik à la »America first«, »Britain first« oder »Hungary first« dominieren, »ein falscher Patriotismus, der die Marschroute vorgibt«, sagt Luxemburgs Außenminister. Er fürchtet, dass »die internationale Zusammenarbeit passé ist«.

In diesem »falschen Patriotismus« ortet Jean Asselborn auch die Ursache für den Ausgang des Brexit-Referendums am 23. Juni 2017, bei dem 51,9 Prozent der britischen Wähler für den Austritt aus der EU gestimmt haben.

Einen Akt des »nationalen Egoismus« sieht Jean Asselborn auch in der einseitigen Aufkündigung des Atomabkommens mit dem Iran durch die USA.[166] Am 8. Mai 2018 kündigt der amerikanische Präsident Donald Trump, wie bereits erwähnt, an, dass sich die USA aus dem Atomabkommen mit dem Iran zurückziehen werden. Gleichzeitig will er die Sanktionen gegen das Land wieder in Kraft setzen. Die Reaktion des Iran erfolgt prompt: Einige Verpflichtungen aus dem internationalen Atomabkommen werde Teheran aussetzen. Der Europäischen Union und den anderen Unterzeichnerstaaten des Wiener Abkommens (Deutschland, Großbritannien, China, Frankreich und Russland) wirft der iranische Außenminister Mohammed Dschawad Sarif »Unfähigkeit« vor, dem Druck der USA standzuhalten.

Als eindeutiges Zeichen für die Abkehr von der internationalen Zusammenarbeit interpretiert Außenminister Asselborn auch den Rückzug der Vereinigten Staaten aus dem Klima-Übereinkommen von Paris[167] von Dezember 2015. Bei der UN-Klimakonferenz haben sich die Teilnehmer darauf geeinigt, den Anstieg der globalen

Durchschnittstemperatur auf deutlich unter zwei Grad Celsius, möglichst 1,5 Grad Celsius über dem vorindustriellen Niveau zu begrenzen und die Treibhausgasemissionen ebenfalls deutlich zu reduzieren. Dadurch sollen die Risiken und Auswirkungen des Klimawandels merklich reduziert werden.

US-Präsident Donald Trump, ein »Klimaleugner«, gibt am 1. Juni 2017 bekannt, die USA würden von dem Pariser Übereinkommen zurücktreten. Trumps Entscheidung wird weltweit von großen Unternehmen und politischen Größen kritisiert. Der ehemalige US-Präsident Barack Obama, Trumps Vorgänger, erklärt, dass sich Trumps Regierung »einer kleinen Handvoll von Nationen anschließt, die die Zukunft verleugnet«.[168]

Diese nationalen Entscheidungen und Alleingänge schaden laut Asselborn »allen Ländern«. Die Menschen würden dadurch »ihren Kompass verlieren und die Werte des internationalen Rechts«. Der Egoismus einzelner Staaten würde »die Unterschiede zwischen Wahrheit und Lüge verwischen«, ist der Außenminister überzeugt.

Äußerst skeptisch ist er auch jenen gegenüber – darunter auch Politiker –, die den Menschen suggerieren, dass nur »die Heimat« oder »die eigene Nation« Schutz und Sicherheit garantieren kann. Viele EU-Mitgliedsländer, darunter Polen und Ungarn, setzen Sicherheit als Argument gegen Migranten ein. Jean Asselborn versteht das nicht und fragt mit Kopfschütteln: »Ist eine Welt mit Zäunen und Stacheldraht, die das Böse vom Guten trennt, unsere Zukunft, unsere Sicherheit?« »Mitnichten«, murmelt er und gibt selbst die Antwort. »Dialog und Diplomatie«, »Friedenssicherung« sowie »Toleranz« sind die Mittel und Instrumente, die Sicherheit gewähren, betont er in einem unserer Gespräche. Er fürchtet, dass »heute die Toleranz für eine offene Lebenseinstellung zerstört ist«. Die Ursache für »die Verrohung des europäischen Wertesystems« sieht er in der Flüchtlings- und Migrationsfrage. »Das Thema Migration ist in der aktuellen Diskussion der alles entscheidende Faktor, der Dynamisator für Intoleranz und auch der Katalysator für alle erdenklichen Probleme.«

Gemeinschaftssinn statt Egoismus – das ist der Mechanismus, um das Überleben der Demokratie zu gewährleisten. »Wenn Grundrechte und Demokratie nicht mehr gelebt werden, wenn Menschen falschen Botschaften, Versprechen und falschen Tatsachen – Fake News – glauben sowie Populisten nachlaufen, dann ist es zu spät«, fürchtet der Außenminister. Das sei eine »ernste Bedrohung« für die EU. »Die internationalen Konflikte und insbesondere der ausufernde Nationalismus und Populismus bergen große Risiken gegenüber der auf Demokratie, Integration und Multilateralismus basierenden Friedensgarantie der Europäischen Union in sich. Wir dürfen uns hier nichts vormachen«, sagt Jean Asselborn. Für das europäische Projekt sieht er sowohl eine Gefahr von innen als auch von außen: »Wir müssen gegen jede Form der Desinformation vorgehen. Es ist leider so, dass es verschiedene Kreise innerhalb und außerhalb der EU gibt, die dem europäischen Projekt Schaden zufügen wollen. Und dies mit unlauteren Mitteln.«

Jean Asselborn glaubt nach wie vor an die Gemeinschaftsmethode der EU zur Beilegung politischer, ökonomischer oder sozialer Probleme. Er glaubt aber auch an die UNO und den Multilateralismus zur Lösung internationaler Konflikte im Nahen Osten ebenso wie in Afrika, Lateinamerika oder Asien.

Da die EU militärisch im Bürgerkriegsland Syrien nicht präsent ist, kann sie folglich die Dynamik des Konflikts auch nicht direkt beeinflussen. »Wir sind allerdings der Hauptakteur, wenn es um humanitäre Hilfe geht, und unsere Rolle wird langfristig entscheidend sein, wenn es gilt, Syrien wiederaufzubauen, vorausgesetzt, eine politische Lösung ist in Sicht«, erklärt Jean Asselborn. Für das Zustandekommen einer politischen Lösung sind laut Asselborn die Bemühungen der Vereinten Nationen unerlässlich. »Die Arbeit des Komitees für eine syrische Verfassung in Genf muss an Fahrt gewinnen, damit die politische Logik wieder in den Vordergrund rücken kann. Dann könnte auch die EU wieder eine stärkere Rolle spielen.«

Jean Asselborn bedauert auch, dass sowohl die Vereinten Nationen als auch die Europäische Union in der Israel-Palästina-Frage keine gemeinsame Position haben. »Das tut weh. Vor allem haben wir keine Gemeinsamkeiten mehr über die Grundparameter der Zweistaatenlösung.«[169]

Kritik an der EU-Außen- und Sicherheitspolitik

Seit Jahren bemängelt der Außenminister, dass eine gemeinsame Orientierung und der Wille, eine »stärkere Rolle bei Konfliktlösungen zu spielen«, in der europäischen Außenpolitik nicht mehr gegeben sind. Als internationaler Akteur ist die EU in der gemeinsamen Außen- und Sicherheitspolitik unsichtbar. Dafür gibt es eine Reihe von Gründen, die Jean Asselborn aufzählt: »Die Regel der Einstimmigkeit trägt sicherlich nicht dazu bei, die Entscheidungsfindung der Europäischen Union in Fragen der Außen- und Sicherheitspolitik zu vereinfachen.« Für den erfahrenen Chefdiplomaten gibt es aber noch ein stärkeres Hindernis als die Veto-Keule eines Landes: »Die Einstimmigkeit ist nicht die größte Schwäche in der gemeinsamen Außen- und Sicherheitspolitik. Die EU ist natürlich am stärksten, wenn alle ihre Mitgliedstaaten auf einer Linie sind und an einem Strang ziehen.« Das ist eine vornehme Umschreibung für Uneinigkeit, fehlenden Willen und pure nationale Interessen. In diesen Eigenschaften sieht Asselborn den wahren Feind einer gemeinsamen Politik.

Ein Teil des Problems liegt aber auch bei den EU-Institutionen selbst. »Man muss sagen, dass der Europäische Auswärtige Dienst (EAD) nicht den Fortschritt gebracht hat, den wir uns bei seiner

Schaffung erhofft hatten. Der EAD und die bis Dezember 2019 an der Spitze stehende Hohe Vertreterin der EU für die Außen- und Sicherheitspolitik erweckten manchmal den Eindruck, dass sie ihre eigene, oft nur mit den großen Mitgliedstaaten abgestimmte Politik verfolgen, anstatt im Interesse der ganzen EU eine kollektive Außenpolitik zu formulieren und durchzuführen.«

Das ist die eine Seite der Kritik. Die andere Seite ist für das Erscheinungsbild der EU nach außen ebenso fatal. »Einige Mitgliedsländer haben die Tendenz, nur ihre engen nationalen Interessen zu verfolgen. Sie schrecken nicht davor zurück, die EU in einer bestimmten Frage zu blockieren. Ungarn ist dafür das beste Beispiel. Zuletzt hat sich Ungarn Anfang Oktober 2019 geweigert, einer gemeinsamen Erklärung der EU zuzustimmen, die die Türkei davor gewarnt hätte, in Syrien einzumarschieren.« Das hat die Regierung von Ministerpräsident Viktor Orbán torpediert und die Union blamiert. Die türkische Militärintervention in Nordsyrien beginnt – die Folgen können für die EU in einem Albtraum enden. Im Nordosten Syriens droht mit der türkischen Offensive ein Wiedererstarken des sogenannten Islamischen Staates. Asselborn kennt die Lage von einigen Reisen nach Syrien und in den Nordirak, wo er entsetzliches Elend in Flüchtlingslagern und vertriebene Jesiden gesehen und die Lage der Kurden sondiert hat. »Das Risiko einer neuen Flüchtlingskrise soll man nicht unterschätzen«, warnt Jean Asselborn. Das aggressive Vorgehen der Türkei und die Offensive des syrischen Regimes mithilfe Russlands gegen die Stadt Idlib könnte Hunderttausende Zivilisten in die Flucht treiben. »Die europäische Sicherheit steht definitiv auf dem Spiel. Wir müssen Klartext mit der Türkei reden, als EU, aber auch in der NATO, und in aller Deutlichkeit sagen, dass Erdoğan nicht so weitermachen kann.«

Der türkische Staatspräsident Recep Tayyip Erdoğan übt in mehrfacher Hinsicht Druck auf die EU aus: mit seiner militärischen Offensive in Nordsyrien ebenso wie mit seiner ständigen Drohung,

Flüchtlinge, die in der Türkei leben, nach Europa zu schicken. Rund 3,5 Millionen Flüchtlinge aus Syrien, dem Irak, aber auch anderen Ländern halten sich seit Jahren in der Türkei auf. Die EU unterstützt die Türkei mit sechs Milliarden Euro finanzieller Hilfe (EU-Türkei-Abkommen vom März 2016). Eine Unterstützung, die notwendig und gerechtfertigt ist, da die Türkei, bei aller Kritik, eine sehr große Last auf ihren Schultern zu tragen hat. Die EU ist gehalten, Projekte in der Türkei zu finanzieren, die, wie Schulen und Spitäler, den Flüchtlingen zugutekommen.

Gelöst ist die Flüchtlings-, Migrations- und Asylfrage noch lange nicht. Sie beschäftigt Jean Asselborn seit Jahren. Bis heute versteht er nicht, warum sich einige Länder, darunter Österreich, beim UN-Migrationspakt im Jahr 2018 verweigert haben. »Die Europäische Union war in Marrakesch bei der Debatte zu diesem Pakt inexistent infolge einer total verkorksten Einstellung der damaligen EU-Präsidentschaft der österreichischen Regierung«, konstatiert der Außenminister 2019 in der *Osnabrücker Zeitung*.[170]

Stellung nehmen, sich empören, europäische Prinzipien und Werte verteidigen sowie konsequent für eine Position eintreten – das sind die Waffen von Jean Asselborn. Eindringlich ist sein Appell an die EU-Mitglieder zu den Festtagen und zum Jahreswechsel 2019/20. Bilder von überfüllten griechischen Flüchtlingslagern erinnern wieder einmal an menschenunwürdige Zustände. Unter den rund 42.000 Flüchtlingen, die auf den Ägäis-Inseln festsitzen, sind auch etwa 5500 Kinder ohne Eltern. Geplant waren die Lager, wie schon erwähnt, einmal für 6000 Personen. Neu sind diese Zahlen ja nicht, doch auf den griechischen Inseln alles so zu belassen, wie es ist, bezeichnet Jean Asselborn in diesen Tagen zu Jahresende als »das endgültige Versagen« Europas. Er macht in mehreren Zeitungsinterviews den Vorschlag, jenen Ländern, die partout nicht bereit sind, Griechenland zu helfen und die alleinstehenden Kinder aufzunehmen, EU-Gelder zu streichen: »Brüssel überweist euch Geld, aber nur wenn ihr

Stolzer Vater: Jean Asselborn mit seinen Töchtern Anne (links) und Julie in Steinfort

solidarisch seid und endlich den EU-Beschluss von September 2015 zur Verteilung von Schutzsuchenden umsetzt.«

Der Ansatz, die Flüchtlingsfrage mit dem EU-Haushalt zu verknüpfen, ist nicht neu, aber Asselborn weist vor der intensiven Phase der Verhandlungen über den mehrjährigen EU-Haushalt 2021 bis 2027 darauf hin. »Die Solidarität in der Asylpolitik soll in die Verhandlungen um den nächsten Haushalt einbezogen werden. Wenn sich einzelne Mitgliedsländer in Fragen elementarer Menschlichkeit ausklinken, dann wird das stark negative Auswirkung auf den nächsten EU-Haushalt haben«, erklärt der Außenminister auf *Spiegel Online*.[171]

Im Frühjahr 2020 – so die Ankündigung von EU-Kommissionspräsidentin Ursula von der Leyen – will sie ein Reformpaket vorlegen, das die andauernde Blockade in der Asyl- und Migrationspolitik beenden soll.[172] Ziel dieses Paketes soll die Reform des sogenannten Dublin-Systems sein, wonach die Staaten, in denen Flüchtlinge ankommen, allein für Asylverfahren und Unterkunft zuständig

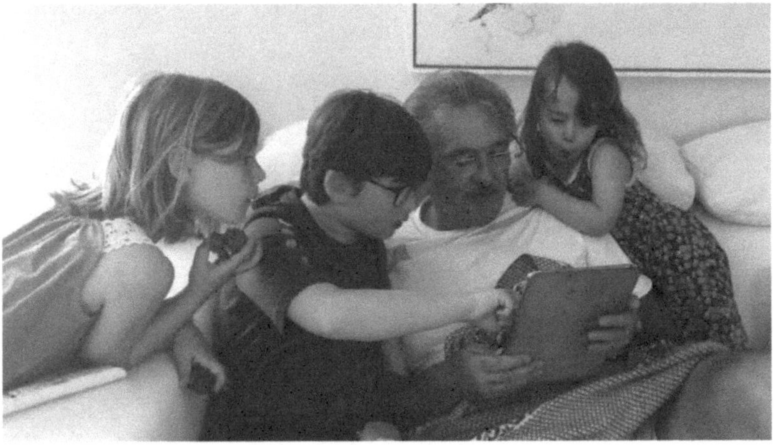

Momente der Ruhe: Jean Asselborn genießt die Zeit mit seinen drei Enkelkindern Lilly, Nicolas und Zoé (rechts)

sind. Die Erkenntnis, dass dieses System unfair für besonders exponierte Länder wie Griechenland, Italien und Spanien ist, setzt sich langsam durch. Ob es in der Frage der Flüchtlingsverteilung, die die EU in den vergangenen Jahren stärker gespalten hat als jedes andere Thema, Einigung geben wird, ist offen. Wenig hält Asselborn von dem Konzept, dass sich Länder, die sich weigern, Migranten mit Schutzanspruch aufzunehmen, durch alternative Formen der Solidarität davon freikaufen können, etwa indem sie mehr Grenzpolizisten für Frontex oder Geld zur Verfügung stellen. »Die flexible Solidarität, wie sie beim EU-Gipfel im Juni 2018 vereinbart wurde, ist ein Versagen«, erklärt Jean Asselborn.

»Viel Luft nach oben«

An seinen Erwartungen, die EU möge entscheidungsfreudiger und selbstbewusster werden, hält der Außenminister unermüdlich fest, auch wenn er Anlass hätte, seinen Optimismus aufzugeben: »Die EU hat jede Menge Strategien auf dem Papier. Tatsache bleibt aber, dass wir uns bei der praktischen Umsetzung schwertun. Unser kollektives Gewicht auf der internationalen Bühne und unser Einfluss auf die Geschehnisse, sei es in Afrika, in Lateinamerika oder im Nahen Osten, stehen in keinem Verhältnis zu unserer Wirtschafts- und Handelskraft oder zu unserem Einsatz in puncto Entwicklungszusammenarbeit.«

Dass die EU keine globale Strategie hat, ist für Jean Asselborn ein »politisches Dilemma«, zumal Europa für den weltweit höchsten Wohlstand und für die höchsten Sozialstandards für die Gesamtbevölkerung steht. Dazu kommen die grundlegenden demokratischen Werte. »Unsere Strategie muss sein, das zu verteidigen. Wir sind keine Militärmacht. Wir sind kein System, in dem ein Einzelner einen Tweet raushaut und dann rennen alle in die gleiche Richtung. Das ist nicht unsere demokratische Struktur«, argumentiert der Außenminister und verteidigt das europäische System vehement als »Soft Power«. Zu seinem großen Bedauern geht die Entwicklung aber in eine andere Richtung. »Aufseiten der Großmächte geht der Trend dahin, Multilateralismus und internationales Recht zu zerschlagen. Wir Europäer müssen alles dafür tun, damit das nicht geschieht. Das muss unsere Strategie sein.«

Das gilt auch für die Herausforderungen durch China und die USA. »Wir müssen noch viel tun. Es bleibt viel Luft nach oben.«

Mit Blick auf China holt Jean Asselborn in seiner Argumentation weiter aus: Zunächst war Europa für seine Grundwerte, sein Demokratieverständnis und für sein Sozialsystem weltweit hoch geschätzt, für viele Länder galt die EU als Vorbild, dem es nachzueifern galt. Seit der Finanz- und Wirtschaftskrise 2008 wurden soziale Versprechen und Prinzipien zerschlagen, zudem begann der Rechtsstaat in manchen Ländern, etwa in Ungarn und Polen, zu erodieren. In verschiedenen EU-Mitgliedstaaten oder auch EU-Kandidatenländern gibt es keine völlig freie Presse mehr, auch keine ordentliche Trennung der Gewalten und keine wirklich unabhängige Justiz.

Illiberale Demokratien gewinnen an Boden. Nur dann, wenn die EU diese Entwicklungen in den Griff bekommt, wird die Europäische Union wieder anziehend nach innen und außen sein.

Nun ist China Partner der EU und inzwischen immer stärker ein Konkurrent, »nicht nur wirtschaftlich, sondern auch in der Systemfrage. China versucht seine gelenkte Ordnung über sein wirtschaftliches Engagement zu exportieren«, analysiert Luxemburgs Außenminister und fügt hinzu: »Dem müssen wir Europäer etwas entgegensetzen, etwas, was weniger mit Strafzöllen zu tun hat, sondern mehr mit Augenhöhe.« Anders ausgedrückt: Europa kann in der Welt »eine Art vertrauenswürdiger Dritter zwischen den Vereinigten Staaten und China sein«. Europa sei auch aufgrund seiner Geschichte ein »Labor des Multilateralismus«, wie es Frankreichs Staatspräsident Emmanuel Macron ausdrückte.[173]

Viel erwartet sich Jean Asselborn diesbezüglich von der neuen EU-Kommission in Brüssel. Was die außen- und sicherheitspolitischen Agenden angeht, liegen seine Erwartungen in dieser Hinsicht vor allem auf dem seit 1. Dezember 2019 amtierenden Hohen Vertreter der EU für die Außen- und Sicherheitspolitik, dem Spanier Josep Borrell. »Ich hoffe, dass er die richtigen Hebel ansetzt, um der europäischen Außenpolitik zu mehr Durchschlagskraft zu verhelfen. Dafür braucht er aber auch die Unterstützung und Solidarität der 27 Außenminister«, verlangt Jean Asselborn. Sein immer wieder formulierter Appell ist bislang verhallt: »Alle Mitgliedstaaten sollten sich darauf besinnen, dass wir gemeinsam stärker sind und dass es uns langfristig nicht nützt, wenn wir uns auseinanderdividieren lassen von falsch verstandenem Patriotismus oder von fragwürdigen Allianzen mit Drittstaaten.«

Als einer der ersten Außenminister stellt sich Jean Asselborn im Streit um die Aussage von Emmanuel Macron, die NATO sei »hirntot«, auf die Seite des französischen Staatspräsidenten.[174] »Die Analyse ist im Wesentlichen richtig, man kann natürlich über die

Wortwahl reden«, erklärt Asselborn gegenüber dem Nachrichtendienst *Politico*.[175] Auch in Bezug auf die NATO gilt, was zum argumentativen Standardrepertoire des Luxemburgers gehört. »Die Militärallianz kann nur überleben, wenn es eine verlässliche Koordination unter den Mitgliedsländern gibt. Aber wenn man jegliche Absprache unterlässt, wie es die USA und die Türkei im Falle Syriens getan haben, untergräbt das die politische Allianz.« Luxemburgs Außenminister sieht in Macrons NATO-Kritik keine Gefahr für die NATO. »Macron hat recht, wenn er die fehlende Koordinierung im Bündnis mit Blick auf die Militäroffensive der Türkei in Nordsyrien und den Rückzug der USA aus dieser Region mit seinen Worten angreift«, erklärt Asselborn im Kreise der EU-Außenminister.[176] Er nennt die Aufregung über Macrons Aussage vor allem in Osteuropa eine »überfällige Diskussion«, weil sich Europa ohne die NATO nicht selbst verteidigen könne.

Dass Macron mit seinem umstrittenen Zitat nicht ausschließlich die NATO meint, sondern damit auch die Schwäche und die Handlungsunfähigkeit der EU aufzeigt, ergibt sich aus der Tatsache, dass 22 EU-Staaten auch Mitglieder der Nordatlantischen Allianz sind und die NATO der europäische Pfeiler der gemeinsamen Sicherheits- und Verteidigungspolitik ist.

Mehr Engagement aller Mitgliedsländer und der EU-Institutionen wünscht sich Jean Asselborn bei der Bekämpfung des Nationalismus, des Rechtspopulismus, des Rechtsextremismus und des Antisemitismus in der EU. Die europafeindlichen Rechtspopulisten, wie die Partei des Lega-Chefs Matteo Salvini, die Regierungspartei Fidesz von Viktor Orbán in Ungarn oder die Wahlergebnisse der »Alternative für Deutschland« (AfD), machen ihm Angst. »Ich frage mich, wie ist es möglich, dass bei unserem Nachbarn Deutschland Politiker akzeptiert werden, die auf Hass, Respektlosigkeit und Ausgrenzung setzen?«[177], fragt Asselborn. Die AfD ist für ihn »nicht konform mit dem Grundgesetz. Dort steht, dass sich Deutschland für Frieden und Europa engagiert. Das macht die AfD aber nicht, sie verkennt die Werte Europas oder tritt sie absichtlich mit Füßen.«[178]

Was Europa ausmacht – oder: Die Zukunft der EU

Unter der Frage »Zukunft der Europäischen Union« versteht Jean Asselborn das Festhalten am Friedensprojekt Europa. »Es ist unsere Pflicht, dieses Friedensprojekt auch ins 21. Jahrhundert zu tragen.«

Für »nicht verhandelbar« hält er »die Achtung der Menschenrechte« sowie »die Grundpfeiler der EU: die Freiheit der Presse, der Justiz sowie die Gewaltentrennung«.

Für die Zukunft hält Jean Asselborn fest, dass die »Kernherausforderung« für die Menschen in der EU die Asyl-, Flüchtlings- und Migrationsfrage ist. »Unsere moralische und rechtsstaatliche Verpflichtung ist es, dafür zu sorgen, dass keine Menschen mehr im Mittelmeer ertrinken«, macht er bei Vorträgen zum Thema »Quo vadis Europa?« im Herbst 2019 deutlich.[179] Für ihn führt kein Weg an einer automatischen Verteilung von Flüchtlingen vorbei. »Wenn wir eine Dublin-Reform des Asylsystem meistern wollen und, wie es in einer Gemeinschaft sein sollte, den Druck, dem Eintrittsländer in Krisenzeiten ausgesetzt sind, mindern wollen, dann führt kein Weg an einer automatischen Verteilung vorbei.« Allerdings gesteht er unter bestimmten Umständen Mitgliedstaaten Ausnahmeregelungen zu.

»Zurzeit«, konstatiert Asselborn, »gibt es kaum Fortschritte.« Nur wenige Länder seien bereit, gestrandete Menschen aufzunehmen. »Sind wir ein Europa geworden, das Migration in all seinen Formen im 21. Jahrhundert verleugnet? – Oder sind wir ein Europa, das sich organisiert und denen Schutz gibt, die vor Krieg oder Verfolgung fliehen müssen? Sind wir ein Europa, das es hinbekommt, die Menschen in ihre Heimatländer zurückzuführen, die aus wirtschaftlicher Not ihre Heimat verlassen mussten, und partnerschaftlich hilft, bessere Lebensbedingungen vor Ort zu schaffen? Sind wir ein Europa, das legale Wege der Einwanderung aufbaut, ohne das Schicksal der Menschen zu bestimmen?«

Fragen über Fragen, die Außenminister Jean Asselborn aufwirft und damit Gegner einer humanitären Flüchtlings- und Asylpolitik herausfordert. An alle appelliert er, sich die europäische Vergangenheit vor Augen zu halten: »Sind wir ein Europa, das vergessen hat, dass wir vor nicht allzu langer Zeit die ›Getriebenen‹ waren und die ›Vertreiber‹ nicht nur von außen agierten, sondern auch von innen?«

Dass es im Jahr 2020 innerhalb der EU einen »Neustart« bei der Lösung dieser offenen Frage gibt, bezweifelt Jean Asselborn. Dem Außenminister geht es darum, die schwierige Balance zwischen Offenheit, Schutz und Menschenwürde zu finden, aber auch um die Suche nach innerer Stabilität, Zusammenhalt und Durchsetzung des Rechts. All das entscheidet sich beim Thema Migration und Asyl. »In der Migrationsfrage entscheidet sich, was Europa tatsächlich ausmacht. Unbestritten ist jedenfalls, dass im European Way of Life eine einheitliche Asyl- und Migrationspolitik noch immer fehlt.«

Die Hoffnung gibt Jean Asselborn nicht auf. Er glaubt nach wie vor, dass »Europa imstande ist, Berge zu versetzen. Ohne Europa gibt es keinen Frieden, keinen Binnenmarkt und kein Schengen. Europa kann Utopien Realität werden lassen.«

Sozialdemokraten haben »der Menschlichkeit zu dienen«

Als Sozialdemokrat treibt ihn gegenwärtig die Frage nach der politischen Existenz der Sozialdemokratie in Europa um. Hat die Partei noch Zukunft, verfolgt sie gar eine Utopie? »Es geht um die Identitätsfrage«, glaubt Jean Asselborn. »Wir müssen eine Antwort geben auf die Frage: Wofür steht die Sozialdemokratie heute?« Die sozialen

Versprechen der vergangenen Jahrzehnte seien größtenteils eingelöst, auch wenn es noch Kinderarmut gibt, räsoniert Jean Asselborn. Er geht davon aus, dass Europas Sozialdemokratie ideologisch »eine Balance zwischen Liberalismus, Ökologie und der politischen Mitte« braucht. Die Herausforderung der Sozialdemokratie besteht für ihn darin, Sozialpolitik und soziale Kompetenz mit dem Kapitalismus zu versöhnen. »Sozialdemokratie ist freie Marktwirtschaft mit menschlichem Antlitz.«[180]

Was Europas sozialdemokratische Parteien dringend brauchen, sind »vor allem Persönlichkeiten, politische Gestalten, die führen können«, verlangt Jean Asselborn. Und auf jeden Fall müssen Sozialdemokraten die Prinzipien Menschenrechte, Rechtsstaatlichkeit und Demokratie hochhalten.

Fast ein halbes Jahrhundert ist Jean Asselborn Mitglied der Sozialistischen Partei Luxemburgs (LSAP) – und er ist ihr treu bis heute. Er ist auch grundsätzlichen Werthaltungen treu. Im Jahr 2002 erklärte er als LSAP-Parteichef anlässlich einer Rede zum hundertjährigen Jubiläum der Partei, dass Sozialdemokratie vom Gedanken getragen werde, »der Menschlichkeit zu dienen« – ein Begriff, der bis heute in seinem Denken und Handeln fest verankert ist.[181]

Von einer Krise der europäischen Sozialdemokratie will er aber auch nicht sprechen. »Das Wort Krise wird in Europa total überstrapaziert und dadurch banalisiert. Man muss sehr aufpassen, dass man da nicht überzieht.«

12. WIE GEHT ES WEITER?
Ist die EU ein weltpolitischer Akteur?

»L'union fait la force!« (Einigkeit macht stark!)
Jean Asselborn

Wenn es um die Frage nach der Zukunft der Europäischen Union geht, spannt Außenminister Jean Asselborn einen großen Bogen in seiner Antwort. Er geht an den Beginn seiner Amtszeit zurück: »Wenn ich die Weltlage mit dem Zustand von 2004 vergleiche, als ich angefangen habe, gibt es schon Unterschiede. Ganz allgemein würde ich sagen, dass wir damals in Europa noch viel mehr Hoffnung hatten. Das war nach dem Irakkrieg. In Palästina wurde Abbas gewählt. Zwischen den USA und Russland war Tauwetter. Europa hatte normale Beziehungen zu den USA. Zehn neue Mitgliedsländer wurden in die EU aufgenommen, ein neuer Verfassungsvertrag erarbeitet. Dann scheiterte dieser Vertrag, aber ein neuer kam zustande. Dann kam die Finanzkrise, es folgte die Migrationskrise. Trump wurde gewählt. Und jetzt kommen die Angriffe auf die Werte der Europäischen Union von innen. Das tut schon weh.«

Jean Asselborn zieht eine Bilanz, aus der nicht sehr viel Zuversicht spricht. Und er fügt noch eine Warnung hinzu: »Europa würde nicht aus ökonomischen Gründen und auch nicht aus politischen Gründen scheitern. Wenn Europa zusammenbricht, dann weil Solidarität und Rechtsstaatlichkeit erodieren. Bei einem solchen Desintegrationsschock wären die ökonomischen und politischen Kosten für die EU-Mitgliedstaaten aber enorm.«

Dieses pessimistische Szenario will Jean Asselborn aber nicht weiter diskutieren, weil es einfach nicht zu seinem Charakter gehört, zu resignieren. Weiterkämpfen lautet seine Strategie, so wie er es im Leben immer gemacht hat. Zum europäischen Tagesgeschäft gehören nun einmal »kontroverse Diskussionen, Rückschläge und auch zeitweilige Blockaden. Ja, das ist anstrengend und zeitaufwendig, dennoch möchte ich hier betonen: Wer das als immanente Schwäche Europas auslegt, liegt falsch«, stellt er entschieden fest. »Meine langjährige Erfahrung als Außenminister hat mir immer wieder gezeigt, dass es oft schwierig ist, Kompromisse zu finden. Andererseits ist es genau diese Kompromissbereitschaft, die unsere europäische Familie so einzigartig macht, uns auszeichnet. Das ist unsere funktionierende europäische Demokratie und eines der europäischen Merkmale, um die wir weltweit beneidet werden.«

Trotz vieler Rückschläge, der Aushöhlung europäischer Prinzipien, unsolidarischen Verhaltens, Nationalismus und Populismus, hält Jean Asselborn am »System Europa« fest. Seine Überzeugung ist gefestigt, sein Sportsgeist und seine Kraft durchdringen alle Bereiche der Politik und des Lebens. »Man muss sich gegen all diese negativen Entwicklungen wehren.«

Aber mit welchen Mitteln? »Mit Diplomatie. Mit Dialog. Mit internationaler Zusammenarbeit.« – Das sind die politischen Werkzeuge, die Europa zur Verfügung stehen, sagt er. »Europa wurde nicht gebaut, um eine militärische Macht zu werden. Europa wurde gebaut, um durch Diplomatie Völker und Länder näherzubringen, zu kooperieren und Kriege zu verhindern«, erklärt Asselborn. »Wir haben bewusst keine militärische Macht aufgebaut, sondern wir haben Werte errichtet. Und Werte garantieren auf Dauer den Frieden mehr als militärische Macht und Waffen.« Überlegenheit und Stärke durch Diplomatie und ein robustes Wertefundament gehören für Jean Asselborn zur Raison d'Être aller europäischen Mitgliedstaaten und der europäischen Institutionen.

Und wie kann Europa Stärke zeigen? Werte, Rechtsstaatlichkeit, Menschenrechte und das System des Multilateralismus sind der Referenzrahmen für die Außenpolitik des luxemburgischen Sozialdemokraten. Das gilt gleichermaßen auch für die Europäische Union. Jean Asselborn nimmt an, dass »die EU nie mit militärischer Macht eine aktive ordnungspolitische Rolle in der Welt spielen wird«, um so Interessen und Einfluss zu sichern. »Wenn Ordnungspolitik heißt, dass wir uns auf den Multilateralismus und auf das internationale Recht stützen, dann sind wir schon lange eine ordnungspolitische Macht. In Europa haben wir mehr als 70 Jahre – mit Ausnahme des Balkankrieges – keine bewaffneten Konflikte mehr gehabt. Das Friedensprojekt Europa funktioniert.« Und nicht zu vergessen sei, dass die Europäische Union auch »der Grundstein für unseren wirtschaftlichen Erfolg und unseren Wohlstand ist. Gerade in Zeiten wie diesen mit zunehmenden globalen Spannungen und größer werdender Ungerechtigkeit in der Gesellschaft darf die soziale Dimension Europas nicht zu kurz kommen.« Asselborn betont, dass zu den Prioritäten Europas und auch seines Landes gehört, »einen fairen Mindestlohn in Europa einzuführen sowie eine EU-weite Arbeitslosenrückversicherung zu schaffen«.

Asselborns Handeln ist von Prinzipien geleitet. Man muss anerkennen, dass bei der Gestaltung seiner Politik immer moralische Grundsätze vor machtpolitischen Interessen stehen. Absichten, Folgen, Mittel, medienwirksame Maßnahmen sowie Klagen über diverse Akteure und Amtskollegen sind fein aufeinander abgestimmt.

Im Fokus seiner Kritik steht oft auch der Europäische Rat. Im Lissabon-Vertrag ist ein »kapitaler Fehler« gemacht worden, bemängelt der Außenminister. Dem Europäischen Rat wurde zu viel Gewicht gegeben. »Im Europäischen Rat sitzen die Häuptlinge Europas, und die Häuptlinge Europas schauen vor allem auf ihre nationalen Interessen.« Der Außenminister stellt das immer wieder auch im Kontext mit der Flüchtlingsfrage fest. »Wenn in der EU der reguläre Ministerrat, die EU-Kommission und das Europa-Parlament in der Flüchtlingskrise bestimmend gewesen wären, wären wir heute schon viel weiter.«

Die Forderung nach einer humanen Flüchtlingspolitik begleitet Jean Asselborn durch seine gesamte Amtszeit als Außen- und

Migrationsminister. »Sicher bleibt die Europäische Union verbesserungsfähig«, sagt er und sinkt tief in seinen Bürosessel, um gleich wieder aufzuspringen und leidenschaftlich auszurufen: »L'union fait la force!« Diese Herausforderung müssen wir gemeinsam anpacken. Ohne dieses Grundprinzip sind langfristige und gerechte Lösungen nur schwer denkbar.«

13. HEINZ FISCHER IM INTERVIEW ÜBER DIE POLITIK JEAN ASSELBORNS

»Er ist ein enorm engagierter, ehrlicher Politiker, und es ist ihm ein persönliches Anliegen, dass das europäische Projekt blüht und gedeiht. Er ist stark an Menschenrechten und an Menschenwürde interessiert, nicht nur verbal.«
Heinz Fischer

Mitten im Gespräch mit dem ehemaligen österreichischen Bundespräsidenten Heinz Fischer[182] läutet sein Handy: Es ist Jean Asselborn, der sich aus dem Urlaub meldet. »Hallo, Jean, wie geht es dir?«, fragt Fischer – und schon legt sein Freund, der luxemburgische Außenminister, los. Asselborn sorgt sich um den Absturz der SPD, »sie liegt bei 13 bis 14 Prozent«. Wir schreiben Mitte August 2019.

Aber noch mehr liegen ihm die Flüchtlinge am Herzen, mehr als 400 Schutzsuchende sind von Hilfsorganisationen gerettet worden und befinden sich an Bord ihrer Schiffe im Mittelmeer. Unklar ist, wo die Boote anlegen dürfen, Italien und Malta haben ihre Häfen für Flüchtlingsschiffe weitgehend dichtgemacht, und sie dringen darauf, dass andere EU-Staaten im Vorfeld zusichern, alle anlandenden Migranten zu übernehmen. Wenn sie nach langen und zähen Verhandlungen dann doch an Land dürfen, ist es stets eine kleine Gruppe von Staaten, die sie aufnimmt.

Das empört Jean Asselborn ganz besonders: »Es sind ständig dieselben Länder, die Flüchtlinge aufnehmen: Portugal, Spanien, Frankreich, Deutschland, Finnland. Auch Luxemburg ist immer dabei. Dass sich nicht mehr EU-Staaten beteiligen, geht auch auf den damaligen österreichischen Bundeskanzler Sebastian Kurz zurück, der im Europäischen Rat Ende Juni 2018 immer die restriktivsten Lösungen unterstützt hat«[183], betont Asselborn im Telefonat mit seinem Freund Heinz Fischer.

Herr Doktor Fischer, bleiben wir beim Thema »Flüchtlingspolitik«. Jean Asselborn kämpft seit Jahren mutig und unermüdlich für eine humane Asyl- und Migrationspolitik. Er scheut keine Auseinandersetzung mit Hardlinern wie Italiens Lega-Chef Matteo Salvini oder Ungarns Ministerpräsident Viktor Orbán. Teilen Sie seine Position?

Heinz Fischer: Ja, absolut. So stelle ich mir grenzüberschreitende, menschenrechtsorientierte Politik vor, die sich nicht primär damit beschäftigt, wie kann ich mehr Stimmen gewinnen oder was löst Schulterklopfen im Wirtshaus aus, sondern wie kann ich die Europäische Menschenrechtskonvention am besten und am sinnvollsten anwenden und Menschenleben retten.

Wie kam es zu der engen Freundschaft zwischen Ihnen und Jean Asselborn? Wann begann diese Beziehung?

Nachdem Österreich 1989 sein Beitrittsgesuch zur EU abgegeben hat, erhielt die SPÖ einen Beobachterstatus in der Europäischen Sozialdemokratischen Partei (SPE) und damit auch das Recht, einen Vertreter in den Vorstand der SPE zu entsenden. Ich bin damals vom SPÖ-Vorsitzenden Doktor Vranitzky gebeten worden, diese Funktion zu übernehmen. Ich habe dadurch zahlreiche führende Persönlichkeiten aus den sozialdemokratischen Parteien Europas kennengelernt. Der Vertreter Luxemburgs war Jean Asselborn. Nach wenigen Monaten haben wir festgestellt, dass wir viele Dinge ähnlich beurteilen, dass wir uns gut verstehen, dass wir an unseren Meinungen gegenseitig interessiert sind und dass wir in vielen Fragen den gleichen Standpunkt vertreten. Und so ist in den 1990er-Jahren diese Freundschaft mit Jean Asselborn entstanden und gewachsen. Beide sind wir auch mit Frank-Walter Steinmeier befreundet, der damals für den niedersächsischen Ministerpräsidenten Gerhard Schröder gearbeitet hat. Das war eine interessante politische Runde. Es war eine Zeit, wo mehr als die Hälfte der EU-Regierungschefs Sozialdemokraten waren. Wir drei sind bis heute in einem engen Kontakt geblieben.

Medienvertreter aus aller Welt schätzen die offenen Worte von Jean Asselborn

Asselborn und Sie sind aber sehr unterschiedliche Charaktere: Asselborn ist impulsiv, emotional, spricht offen und direkt. Sie sind zurückhaltend in Ihrer Wortwahl, eher auf Harmonie bedacht. Sind diese Gegensätze der Kitt Ihrer Freundschaft?

Darüber habe ich noch nicht nachgedacht. Das kann natürlich sein, dass Unterschiedlichkeiten eine Freundschaft interessant machen, wenn man nicht völlig gleich geschnitzt ist, sondern wenn der impulsive Asselborn mich anruft und mir sagt: Ich habe heute in einem Interview das oder jenes gesagt, und mich dann fragt, ob das vielleicht zu scharf formuliert war. Man ergänzt sich sehr gut, wenn man in die gleiche Richtung denkt, aber mit unterschiedlichem Temperament, mit einer unterschiedlichen Ausdrucksweise.

Wie ehrlich und offen ist der gegenseitige Austausch?

Wir reden völlig offen miteinander. Sonst hätte das ja keinen Sinn, wäre nutzlos und hätte auch nicht schon so lange gehalten.

Was schätzen Sie an Jean Asselborn ganz besonders?
Er ist ein enorm engagierter, ehrlicher Politiker, und es ist ihm ein persönliches Anliegen, dass das europäische Projekt blüht und gedeiht. Er ist stark an Menschenrechten und an Menschenwürde interessiert, nicht nur verbal. Es tut ihm weh, wenn er sieht, dass Menschenrechte verletzt werden. Da sind ihm klare Worte und eine hilfreiche Geste wichtiger als taktische Überlegungen. Das sind gute Eigenschaften, die ich schätze und über die ich mich immer aufs Neue freue. Und außerdem gibt es wirklich viele Themen, wo wir übereinstimmen: in der Außenpolitik, in zwischenmenschlichen Beziehungen, in der Beurteilung anderer Menschen – zum Beispiel in der Einschätzung von Donald Trump. Wir haben sehr oft eine ähnliche Wellenlänge.

Die EU ist in der Flüchtlings- und Migrationsfrage seit Jahren gespalten. Der Block der Staaten, die auf Abschottung und Härte in der Abwehr von Flüchtlingen setzen, ist groß. Nur ein kleiner Teil der EU-Mitglieder ist für ein gemeinsames, solidarisches Vorgehen, wie es auch die EU-Kommission verlangt. Ist bei diesen fundamentalen Differenzen eine gemeinsame Lösung überhaupt noch möglich?
Das ist eine schwierige Frage. Ich gestehe, bei mir gibt es eine gewisse Schwankungsbreite zwischen Optimismus und weniger Optimismus. Einerseits denke ich mir, es ist ein Faktum, dass die Lehren, die man in Europa aus der Tragödie des Zweiten Weltkrieges und aus den Millionen Toten gezogen hat, jahrzehntelang wirksam waren, nämlich die Erkenntnis, dass Nationalismus und Gewalt in eine Sackgasse führen. Wir müssen in Europa zusammenarbeiten, grenzüberschreitend denken. Menschen, die eine andere Sprache sprechen oder eine andere Religion haben, sind dennoch gleichwertige und gleichberechtigte Menschen. Rassismus löst schreckliche Konsequenzen aus. Diese Lehren aus den Dreißiger- und Vierzigerjahren, die jahrzehntelang die europäische Politik beeinflusst haben, scheinen

Bundespräsident Heinz Fischer empfängt 2016 seinen Freund, Außenminister Frank-Walter Steinmeier, in der Hofburg in Wien

aber jetzt an Bedeutung zu verlieren. Und die Menschen, die davon noch geprägt sind, werden Jahr für Jahr weniger. Das ist mein pessimistischer Ansatz.

Und was macht Ihren Optimismus aus?

Ich kann mir einen Rückfall in die grausamen Zeiten der Vergangenheit nicht wirklich vorstellen. Die Rahmenbedingungen heute sind andere, bessere als vor dem Zweiten Weltkrieg. Und eine schwere Wirtschaftskrise und Depression wie in den Dreißigerjahren ist 2008 gerade noch verhindert worden. Außerdem: Die Geschichte bewegt sich immer in einem gewissen Pendelrhythmus. Wir haben Phasen gehabt, wo Europa sich sehr geöffnet hat, wo sozialdemokratische Ideen überwogen. Wir sind jetzt in einer Phase, wo Nationalismus, Europaskeptizismus und Relativierung von Menschenrechten sich stärker entwickelt haben. Das Pendel wird wieder in die andere Richtung ausschlagen. Wir dürfen jetzt nicht in Pessimismus verfallen. Europa wird zurückfinden auf einen Weg der internationalen Zusammenarbeit. Nicht zuletzt durch den wachsenden Druck der Entwicklungen außerhalb Europas. Die werden uns immer deutlicher machen, wie wichtig die europäische und die multinationale Zusammenarbeit ist und wie schädlich ein egoistischer Nationalismus. Zwischen diesen Polen bewegen sich meine Befürchtungen und meine Hoffnungen.

Die EU ist in einem erbärmlichen Zustand. Es geht um Sein oder Nichtsein. Hat das europäische Projekt noch Zukunft?
Ich hätte bis vor vier, fünf Jahren gesagt, der europäische Integrationsprozess ist irreversibel. Vertiefung und Erweiterung werden weitergehen. Aber wer redet heute von Vertiefung? Die Irreversibilität hat durch den Brexit einen Schlag bekommen. Auch dass europäische Werte zurückgedrängt werden, ist salonfähig geworden. Die europäische Menschenrechtskonvention wird von manchen Leuten mit einem Fragezeichen versehen. Außerdem heißt es, die EU sollte nach dem Subsidiaritätsprinzip konstruiert sein. Aber: Der Prozess der »immer engeren europäischen Zusammenarbeit« und das Subsidiaritätsprinzip sind nicht identisch. Im Gegenteil, das sind gravierende Widersprüche.

Sprechen Sie mit Asselborn auch über die Zukunft der EU?
Selbstverständlich. Ich bin überzeugt, dass die Europäische Union noch nicht komplett ist, die Staaten des westlichen Balkans haben auch eine europäische Perspektive. Die Logik der Geografie und der Geschichte müssen uns veranlassen, diese Lücken, die wir auf der Landkarte der EU haben, zu schließen. Gleichzeitig weiß ich, dass die Verfassung der EU für zehn bis 20 Mitglieder gemacht ist. Heute tun wir uns mit dem Einstimmigkeitsprinzip schwer; anderseits gibt es aber keine Einstimmigkeit, um dieses Einstimmigkeitsprinzip zu überwinden und differenziertere Abstimmungsvoraussetzungen zu schaffen. Das sind Probleme, die auf dem Tisch liegen, aber von vielen

ignoriert werden. Wenn jemand sagt, wir müssen das Einstimmigkeitsprinzip überdenken – vor allem wenn eine Erweiterung möglich gemacht werden soll –, kommt ein reflexartiges Nein. Welche Nachteile es hat, wenn wir dem westlichen Balkan den Rücken kehren, welche Kräfte sich dann dort festsetzen werden und was die Auswirkungen auf Europa sein würden, das wird zu wenig diskutiert. Mit Asselborn kann man das diskutieren.

Kommen wir zur Zukunft der europäischen Sozialdemokratie: Die ehemals so mächtige politische Bewegung gibt doch ein jämmerliches Bild ab …

Jämmerlich ist nicht die Sozialdemokratie, sondern das, was die extreme Rechte tut; aber es stimmt: Die europäische Sozialdemokratie ist heute deutlich schwächer als vor 20 oder 30 Jahren. Das interessante Phänomen besteht darin, pointiert formuliert, dass die Stärke der Sozialdemokratie gleichzeitig ihre Schwäche ist. Gerade die Tatsache, dass die Sozialdemokratie so viel durchgesetzt hat, dass so viele Facetten des Europa von heute von sozialdemokratischen Ideen geprägt sind – in der Sozialpolitik, in der Wirtschaftspolitik, in der Gesellschaftspolitik, auch in der Außenpolitik –, veranlasst manche zu dem Satz, die Sozialdemokratie hat ihre Verdienste, aber ihre Zeit ist vorbei.

Ich glaube aber, dass das sozialdemokratische Element in der Politik, das Denken in Kategorien der Gerechtigkeit, der Menschenrechte und Weltoffenheit, weiter vertreten und präsent sein muss, wenn es nicht zu Rückschlägen und zum Abbau von Errungenschaften kommen soll.

Was hat den kontinuierlichen Abstieg der Sozialdemokratie verursacht?

Die Sozialdemokratie ist – ebenso wie die Christlichsozialen – ein Produkt des 19. Jahrhunderts, der Industrialisierung. Damals gab es eine Spaltung der Gesellschaft in zwei Klassen: Bürgertum und Proletarier. Diese zwei Klassen hatten als ihre Repräsentanten zwei große Volksparteien, das christlichsoziale Lager und das sozialdemokratische Lager. Diese beiden Parteien haben in Österreich einen raschen Aufstieg gehabt. Der Zustand, dass die beiden großen Volksparteien das politische Spektrum weitgehend abgedeckt haben, hat sich verändert, weil die moderne Gesellschaft keine Klassengesellschaft mehr ist. Es gibt eine Vielzahl von Schichten, die nicht deutlich zuordenbar sind. Wir erleben eine Parteienzersplitterung, eine gewisse Entwurzelung der Parteibasis und dadurch eine große Volatilität im Wahlverhalten.

Hat die Sozialdemokratie ihre Basis verloren?
Nicht verloren, aber die Basis ist schmäler geworden und hat sich verändert. Ein zweites Problem ist, dass im 20. Jahrhundert die Funktionäre der Massenparteien eine starke Rolle im Informations- und Bildungsprozess gespielt haben. Der Funktionär war Informationsträger von großer Wirksamkeit. Dazu kamen Parteizeitungen. Dieses Informationssystem gibt es nicht mehr. Diesen Fakten müssen wir ins Auge schauen. Die Alternative zur Sozialdemokratie kann nicht eine egoistische Politik sein, nicht eine nationalistische Politik, sondern eine Politik der Menschenwürde, der Gerechtigkeit und Solidarität mit den Instrumenten und in der Sprache des 21. Jahrhunderts.

Wie geht das?
Die Politik der Zukunft braucht großflächige grenzüberschreitende Ideen, um mit globalen Herausforderungen fertigzuwerden. Sie muss eine Politik der Menschenrechte sein. Ich halte zum Beispiel die Sustainable Development Goals der Vereinten Nationen für ein globales Regierungsprogramm, das größte Aufmerksamkeit verdient. Wir müssen Egoismus, Nationalismus und Gewalt zurückdrängen.

Stichwort Egoismus: Hat nicht insgesamt die Fähigkeit zum Dialog und zum Kompromiss abgenommen?

Für die politischen Repräsentanten der Nachkriegszeit war das europäische Projekt eine Frage von Sein oder Nichtsein. Daher haben sich die demokratischen Staaten zusammengerauft. Man wollte dieses Europa. Das ist heute deutlich schwächer geworden. Der Kitt der europäischen Gemeinsamkeit ist brüchiger, die nationalistischen Emotionen sind stärker geworden. Ein Europa von 27 Staaten ist auch schwerer zu administrieren als ein Europa mit neun, zwölf oder 15 Mitgliedern. Das kann ich nicht bestreiten. Aber wir brauchen ein starkes und umfassendes Europa.

Heute stehen wir nicht vor einem Krieg, aber vor einer massiven globalen Bedrohung, der Klimakatastrophe. Die EU hat keinen überzeugenden Plan, dagegen vorzugehen, oder?

Die Demokratie, die ich uneingeschränkt schätze und verteidige, beruht darauf, dass man Macht durch Wahlen zugeteilt bekommt. Daher ist die Tendenz stark, Entscheidungen zu vermeiden, die die Chancen auf Machterhalt reduzieren. Aber wir dürfen nicht die Demokratie dafür verantwortlich machen, dass wir die Maßnahmen zur Vermeidung einer Klimakatastrophe bisher nicht plausibel genug gemacht haben. Aber gerade jetzt beginnt auf diesem Gebiet ein Umdenken. Immer mehr Menschen beginnen den Klimawandel als ernsthafte und gravierende Gefahr zu begreifen und das verbessert die Chancen für wirksame Maßnahmen gegen den Klimawandel.

14. BUNDESPRÄSIDENT FRANK-WALTER STEINMEIER ÜBER JEAN ASSELBORN

> *»Uns verbindet zutiefst, dass wir uns noch aufregen können über Ungerechtigkeit.«*
> Frank-Walter Steinmeier

Am Ende der rot-grünen Koalitionsregierung in Deutschland kam es zum ersten Zusammentreffen von Frank-Walter Steinmeier und Jean Asselborn in Luxemburg. Seither verbindet die beiden eine enge Freundschaft. Zu dem Freundeskreis gehört auch der ehemalige österreichische Bundespräsident Heinz Fischer. Bei den privaten Treffen dieser drei Persönlichkeiten geht es immer auch um Politisches: um aktuelle Probleme und die Zukunft der Demokratie. »Demokratien können mit auftretenden Krisenlagen eher umgehen als Autokratien«, sagt Bundespräsident Steinmeier. Das Interview mit Doktor Frank-Walter Steinmeier wurde – bedingt durch die Corona-Krise – Mitte April 2020 schriftlich geführt.

Herr Bundespräsident, wann haben Sie Außenminister Asselborn das erste Mal getroffen und kennengelernt?

Frank-Walter Steinmeier: Ich erinnere mich an den Tag und die Situation sehr genau. Eigentlich war es ein schöner Zufall, dass wir uns kennengelernt haben – noch Wochen bevor ich zum ersten Mal Außenminister und damit Jean Asselborns europäischer Außenministerkollege wurde: In Deutschland war gerade gewählt worden, SPD und Grüne hatten nach sieben gemeinsamen Regierungsjahren die Mehrheit verloren, Koalitionsverhandlungen zwischen CDU/CSU und SPD über die Bildung einer großen Koalition liefen, es waren die buchstäblich letzten Tage der Kanzlerschaft von Gerd Schröder, mit dem ich 15 Jahre zunächst auf Landesebene, dann auf Bundesebene eng zusammengearbeitet hatte.

Bundespräsident Fischer lädt seine Freunde zu einer Wanderung auf die Hohe Veitsch (Steiermark) im Oktober 2007: die Ehepaare Fischer, Steinmeier und Asselborn

Gerd Schröder war an den Koalitionsverhandlungen nicht mehr persönlich beteiligt, er nutzte die Zeit für einige Abschiedsbesuche bei ihm nahestehenden Kollegen. In der Regel war er dazu ohne Tross und Protokoll unterwegs; nur bei einem einzigen Abschiedsbesuch habe ich ihn begleitet: dem nach Luxemburg! Weil ich Jean-Claude Juncker aus meinen Jahren als Kanzleramtschef auch selbst gut kannte. Also saßen wir an einem sonnig-goldenen Oktobertag zu dritt in einem der guten luxemburgischen Restaurants, in das Juncker eingeladen hatte. Witzigerweise hieß es »Fontaine«, zum Glück »Claire Fontaine« und nicht »Lafontaine«, sonst wäre Schröder vermutlich umgekehrt. Bestimmt zwei Stunden hatten wir gesessen, geredet über Gott und die Welt, dabei vorzüglich gegessen. Wir saßen noch bei einer Flasche Wein, als sich unmittelbar vor dem Fenster ein Schnauzbart vorbeibewegte. Damals Bart und Haarschopf noch dunkel. Juncker sprang auf und klopfte ans Fenster. Der

Schnauzbart näherte sich, schaute durchs Fenster nach innen und erkannte Juncker und Schröder, dem er auf mehreren Treffen der europäischen Sozialdemokraten schon begegnet war. Eine Minute später saßen wir zu viert am Tisch, der Abend wurde länger; für Jean und mich war es der Beginn einer wunderbaren Freundschaft.

Wie lange hat es gedauert, vom höflich-distanzierten Sie zum freundschaftlichen Du zu wechseln?
Die Frage ist einfach zu beantworten: Es gab keinen Weg vom »Sie« zum »Du«. Da Juncker, Schröder und ich uns bereits duzten, wurde Asselborn in das vertrauliche »Du« sofort einbezogen.

Sind Freundschaften unter Politikern überhaupt möglich? Was trägt eine freundschaftliche Beziehung unter Politikern? Vertrauen, gleiche politische Orientierung, die Chemie?
Echte Freundschaften sind in der Politik selten. Jedenfalls dann, wenn wir Seilschaften zur Verschaffung gemeinsamer Vorteile oder zeitweise taktische Bündnisse unter Politikern davon unterscheiden. Ob sich aus Begegnungen und Nähe Freundschaft entwickelt, folgt nach meiner Erfahrung keinen Regeln. Unterschiedliche politische Herkunft muss kein Hindernis sein, die Zugehörigkeit zu derselben politischen Familie ist umgekehrt keine Garantie! Ich habe da persönlich ganz unterschiedliche Erfahrungen. Ich erinnere mich an eine lange schwierige Beziehung zu einem Außenministerkollegen, die später in einem ernsten und lautstarken Streit eskalierte, der zu mehreren Wochen Funkstille führte. Erst nach Monaten haben wir den Kontakt wieder aufgenommen – in dem gemeinsamen Bewusstsein, dass europäische Partner Kontroversen haben dürfen, aber nie dauerhafte Entfremdung oder gar Feindschaft zulassen dürfen. Wir haben uns dann ein ganzes Wochenende verabredet, uns ausgesprochen und haben neue Nähe gefunden, die getragen hat über manche spätere Differenzen hinweg.

Enge Freunde: Jean Asselborn mit Frank-Walter Steinmeier

Solche Umwege waren mit Jean Asselborn nicht notwendig, um Freundschaft zu begründen. Vielleicht war für den Beginn hilfreich, dass wir aus derselben politischen Ecke kamen und uns nicht über Wochen skeptisch beschnuppern mussten. Aber dass aus politischer Nähe Freundschaft wurde, hat mit anderen Dingen zu tun. Vielleicht damit, dass wir nicht nur in der Politik schon einiges hinter uns hatten. Vielleicht damit, dass zwei Typen zusammentrafen, die gewohnt waren, über den Tellerrand ihrer ministeriellen Zuständigkeiten hinauszudenken. Vielleicht weil wir beide gewillt waren, die Welt so zu nehmen, wie sie ist, aber vor allen Dingen nicht so zu lassen. Aber ganz sicher weil von Anfang an die Chemie zwischen uns stimmte. Ernsthaftigkeit und Ehrgeiz in der Politik gehören dazu, der Blick über die Politik hinaus aber genauso, und das mit viel Optimismus und wenn's geht mit Humor.

Was macht die Verbindung mit Außenminister Asselborn aus?
Dass sie während unserer Zusammenarbeit als Außenministerkollegen nie abhängig war davon, dass uns jedes Thema gleich wichtig war oder wir in jedem Detail völlig einig waren. Auch, dass wir streiten konnten, ohne uns zu zerstreiten – immer in Respekt voreinander und Respekt vor der unterschiedlichen Rolle und Geschichte der Länder, die wir vertreten. Heute kommt etwas Entscheidendes noch hinzu: Dass es eine Beziehung ist, die weit über die Politik und erst recht unser Ministerdasein hinaus getragen hat und trägt, die uns auch immer wieder zusammenbringt. An eine Woche ohne Telefonat mit Jean kann ich mich kaum erinnern. Und es ist eine Freundschaft, die nicht eine Männerfreundschaft geblieben ist, sondern die Familien kennen sich lange. Einmal im Jahr sehen wir uns zum gemeinsamen Abendessen und halten uns zwischendurch auf dem Laufenden über Höhen und Tiefen der privaten Erfahrungen. Nur beim Sport kommen wir nicht zusammen: Die Berge lieben wir beide, Jean versucht allerdings mit dem Fahrrad hochzukommen, ich in Wanderschuhen.

Wie gingen Sie mit dem Thema »größtes EU-Mitgliedsland« und »kleines EU-Mitgliedsland« um? Groß/klein ist ja immer wieder ein Konflikt in der Europäischen Union.
Große und kleine Mitgliedstaaten gibt es eigentlich nur für die, die wenig eigene Erfahrung mit europäischer und internationaler Politik haben. Ich sage eher vor dem Hintergrund der gewaltigen Verschiebungen in der globalen Politik und der Weltwirtschaft: In Europa gibt es kleine Länder und Länder, die noch nicht gemerkt haben, dass sie – im Weltmaßstab – kleine Länder sind. Jean hat sich als Außenminister Luxemburgs nie unterwürfig, immer selbstbewusst verhalten, und ich habe vermieden, bei jeder Gelegenheit auf Größe und wirtschaftliches Gewicht unseres Landes zu verweisen und damit fehlende Argumente zu ersetzen. Wir begegneten uns auf

Augenhöhe. Das ist Voraussetzung für eine Beziehung, die Freundschaft sein will!

In Ihren beiden Amtszeiten als Außenminister, 2005 bis 2009 und 2013 bis 2017, haben Sie unzählige Außenministerräte in Brüssel und diversen EU-Städten sowie in internationalen Runden gemeinsam mit Jean Asselborn verbracht. Gibt es ein Ereignis und/oder ein Treffen, das Ihnen besonders in Erinnerung ist? Gibt es besondere Anekdoten?

Wir haben unzählige spannende Debatten gemeinsam erlebt und geführt; langweilige, nervtötende, nicht enden wollende Nachtsitzungen gehören genauso zu den gemeinsamen Erfahrungen. Natürlich gehen einem Situationen, in denen es um die große Frage von Krieg und Frieden geht, nicht aus dem Kopf. Ob Syrien, Libyen oder Iran – wir waren da immer nah beieinander. Auch bei den vermeintlich kleineren Dingen in der europäischen Außenpolitik, die schon in Vergessenheit geraten sind, wie die Befreiung der bulgarischen Krankenschwestern aus libyscher Geiselhaft. Und immer wieder, wenn es um den Weg der europäischen Integration ging und seine Gefährdung durch Rückfall in Nationalismen neuer Art, wie sie nach der Finanz- und Wirtschaftskrise 2008/09 in Europa wieder stärker geworden sind. Ganz entscheidend war das in den Jahren, in denen mit Portugal, Spanien und insbesondere Griechenland gleich drei mediterrane Mitgliedstaaten in existenzielle Krise gerieten und Rufe nach Verkleinerung der Eurozone und nach Aufkündigung der Mitgliedschaft Griechenlands immer lauter wurden. Aber es war nicht immer nur dramatisch. Erinnerungen an lustige Situationen gehören auch zu der langen Freundschaft und Zusammenarbeit: die Kochsendung bei Johann Lafer zum Beispiel, in der Jean die Waffel im Waffeleisen in allem Übereifer auch noch wenden wollte, damit sie auch von beiden Seiten gebacken wird, und ich das Lachsfilet gezuckert statt gesalzen habe – die turbulenteste Kochsendung, die Lafer, wie er selbst sagt, im Fernsehen je erlebt hat.

Ganz besonders liebe ich seine entwaffnend offenen Fragen, z. B. wenn der Katholik Asselborn den Protestanten Steinmeier ganz vertraulich und ernsthaft fragt: Frank, sag, wie ist das eigentlich bei euch? Werdet ihr auch getauft?

Bei welchen außenpolitischen Fragen haben Sie beide gemeinsam an einem Strang gezogen?

Gemeinsam waren wir immer unterwegs, um Europa zu stärken, der auch vor Jahren schon spürbar wachsenden Neigung, das Nationale wieder gegen das Europäische zu wenden, zu widersprechen und ihr etwas entgegenzusetzen. Und das war immer wieder notwendig: ob in der schon ganz in Vergessenheit geratenen Finanz- und Wirtschaftskrise 2008/09, in den immer wiederkehrenden Fragen der Migration und Integration.

Aber auch in den großen internationalen Fragen von der Stärkung der internationalen Organisationen, dem Kampf ums Völkerrecht bis hin zur Haltung der EU in den großen internationalen Konflikten der vergangenen 15 Jahre waren wir uns sehr nahe, ob Irak, Syrien, Libyen, Atomabkommen mit dem Iran, Ukraine, Russland … In der Israel-Palästina-Frage hatten wir dagegen häufiger Diskussionsbedarf!

Herr Bundespräsident, Ihre Art, Politik zu machen, ist von Ruhe, Besonnenheit und besonderem diplomatischen Fingerspitzengefühl geprägt. Sie sind bekannt als Brückenbauer. Außenminister Asselborn gilt als spontan, setzt sich leidenschaftlich und emotional für ein Thema ein und spricht offen Probleme und Differenzen an. Manche sagen, er agiere nicht immer »diplomatisch«. Mit einem Wort: Steinmeier und Asselborn sind unterschiedliche Charaktere. Konnten Sie mit Asselborn trotzdem zusammenarbeiten? Konnten Sie sich auf ihn verlassen?

Wären wir dieselben, wär's doch langweilig. Neugier auf den anderen gründet sich doch auch auf Unterschiede. Das ist in der Politik genauso wie im richtigen Leben! Und diese ehrliche Emotionalität bei Jean Asselborn, die nicht geschauspielert ist, fehlt ja vielleicht auch zu häufig in der Politik. Die Menschen spüren, dass das echt ist bei ihm, dass es zu ihm und seiner Persönlichkeit gehört und nicht wie bei vielen anderen taktisch eingesetzt wird für die Erregung von Aufmerksamkeit und einen Platz in der nächsten Talkshow.

Diese Art von Ehrlichkeit mag ich. Und was uns zutiefst verbindet, ist, dass wir uns auch noch aufregen können über Ungerechtigkeit, Unwillen und Unfähigkeit. Dass wir im Wissen darum, dass es das immer geben wird, darüber nicht zynisch geworden sind. Dass wir gemeinsam den Ehrgeiz bewahrt haben, unseren kleinen Beitrag zur Pflege des europäischen Erbes zu leisten, um gemeinsame Zukunft in Europa möglich zu halten. Dass auch unser Dauergespräch seit Jahren dazu beiträgt, dass wir den Blick ständig über den Tellerrand nationaler Interessen gerichtet halten.

Was die Unterschiede im medialen Auftritt angeht, gibt es Gründe dafür, die tatsächlich auch mit den Erwartungen der europäischen Außenminister an den Vertreter des größten Mitgliedslandes zusammenhängen: Vom deutschen Außenminister wird immer erwartet, dass er Brücken schlägt zwischen den erwartbaren und oft unvermeidlichen Differenzen zwischen Ländern, Ländergruppen und Positionen. Das bedeutet nun keinesfalls den Verzicht auf die eigene Position, sogar ganz im Gegenteil: Man muss sich möglichst früh überlegen, wo man mit einer gemeinsamen europäischen Position landen will und kann. Erst recht muss man kein Geheimnis aus seiner Position machen. Allerdings muss man mit dem medialen Auftritt klug umgehen, weil mediale Druckerzeugung die gesichtswahrende Verständigung für alle Seiten sehr schwer machen kann.

Welche Rolle spielt Kultur in Ihrer Beziehung zu Jean Asselborn? Gehen Sie gemeinsam ins Theater, in die Oper, in Ausstellungen?
Wir telefonieren häufig! Und wenn Jean in Berlin zu tun hat, sehen wir uns meistens auch. Aber für gemeinsame Besuche von Theater, Oper oder Ausstellungen liegen unsere Wohnorte doch etwas zu weit auseinander. Als wir noch gemeinsam Außenministerkollegen waren, ergaben sich Gelegenheiten zum gemeinsamen Kulturgenuss häufiger: In jedem Halbjahr findet in dem Land, das die europäische Präsidentschaft führt, ein informelles Zusammentreffen – ohne Krawatte, ohne Tagesordnung, ohne Beschlusstext – statt, in dem nicht nur offene Debatten zur Lage Europas geführt, sondern die auch regelmäßig von einem anspruchsvollen Kulturprogramm begleitet werden. Mir haben diese Gelegenheiten viel von dem unglaublichen Reichtum europäischer Kultur erzählt. Jean dürfte mit seinen 15 Jahren Außenministerdasein inzwischen fast alles zweimal erlebt haben.

Es ist bekannt, dass auch die beiden Familien freundschaftlich verbunden sind. Wie kann man sich so ein Familientreffen unter Spitzenpolitikern vorstellen?
Vor allem ist es kein Treffen unter Spitzenpolitikern! Politisches wird nicht zwanghaft ausgespart, aber es ist ein Treffen unter Freunden mit Ehefrauen und zum Teil auch Kindern, die in all den Jahren, in denen wir uns – mal in Deutschland, mal in Luxemburg, mal in Österreich – zwischen Weihnachten und Neujahr treffen, alle erwachsen geworden und trotzdem das ein oder andere Mal immer noch dabei sind. Jedes Treffen beginnt mit einer gemeinsamen Wanderung, bevor wir uns zum Abendessen zusammensetzen. Das Jahr über ist so viel passiert – im Privaten, in der Politik, in der Wirtschaft, in der Kultur –, was ausgetauscht, berichtet und diskutiert werden muss, dass die vier bis fünf Stunden beim Abendessen nie ausreichen. Deshalb gehört am nächsten Morgen immer noch ein

gemeinsames Frühstück zum Ritual dazu, bevor wir wieder in unsere unterschiedlichen Heimatorte zurückfahren.

Auch der ehemalige österreichische Bundespräsident Doktor Heinz Fischer gehört zu dieser Runde, zu diesem familiären Kreis. Wie oft sehen Sie sich?
In manchen Jahren sehen wir uns tatsächlich nur zu den gemeinsamen Abendessen mit Freunden. Kontakt über's Telefon haben wir häufiger im Jahr. Wir kennen uns ja auch nicht erst aus der Zeit, in der wir Präsidenten unserer Länder waren bzw. sind. Heinz Fischer kenne ich sogar länger als Jean Asselborn. Heinz Fischer bin ich schon in den Neunzigerjahren zum ersten Mal begegnet, als er noch Präsident des Österreichischen Nationalrates war.

Gibt es bei diesen Treffen auch Themen, bei denen es unterschiedliche Positionen gibt? Auch Streit? Was macht die Diskussionskultur unter Steinmeier, Asselborn und Fischer aus?
Nicht im Prinzipiellen. Aber natürlich, wenn es um ganz aktuelle Streitfragen – wie Migration und Klima – geht, diskutieren wir mit ernsthaftem Interesse aneinander auch über die Grenzfragen, die hinter manchem vordergründigen öffentlichen Streit liegen: Wie ist die Faktenlage? Was muss getan werden? Was ist der Bevölkerung zuzumuten? Wozu sind wir moralisch verpflichtet? Was uns eint in all den Debatten, ist die Gewissheit, dass Politik nicht ohne Moral geht, aber Moral und Politik nicht dasselbe sind. Wie viel Pragmatismus muss sein, um zu den in der Demokratie notwendigen Kompromissen zu kommen? Wie viel Pragmatismus darf sein, ohne den sittlichen Zweck von Politik zu verraten? Das sind Fragen, um die unsere Debatten immer wieder kreisen.

Welche außenpolitischen Ziele oder auch gesellschaftlichen und sozialen Anliegen teilen Sie mit Jean Asselborn? Und auch mit Heinz Fischer?

Was uns eint, ist die Überzeugung, dass die Gründerväter der Europäischen Union die richtigen Schlüsse aus den verheerenden Folgen von Nationalismus und Gewaltherrschaft gezogen haben. Demokratien mögen immer etwas Unfertiges haben, sie sind nie vollständig, aber gerade weil sie auf letzte Gewissheiten verzichten, bleiben sie zukunftsoffen und können Positionen, die anfänglich von Minderheiten vertreten werden, zu Mehrheitspositionen werden lassen. In der Klimafrage haben wir das vielleicht erlebt in den letzten 15 Jahren. Ebenso schnell allerdings – das erleben wir gerade – ordnen sich Prioritäten in plötzlich auftretenden Krisenlagen auch wieder neu. Demokratien können mit solchen Entwicklungen eher umgehen als Autokratien.

Den demokratischen Gedanken mit dem europäischen verbunden zu haben, das ist das große Erbe der europäischen Gründergeneration, das wir heute mit Blick auf die blutige Geschichte des 20. Jahrhunderts zu pflegen haben. Uns allen ist darüber hinaus die Erhaltung einer internationalen Ordnung wichtig, die die Stärke des Rechts gegen das Recht des Stärkeren bewahrt. Das ist in diesen Zeiten, in denen die weltweiten Machtgewichte sich verschieben und Konkurrenzen zwischen alten und neuen Großmächten mit wachsender Unerbittlichkeit ausgetragen werden, leider wichtiger denn je.

Was uns ganz persönlich eint, ist ein übereinstimmendes Motiv, das uns drei in die Politik gebracht hat: Ungerechtigkeit. Oder genauer: der immer wieder neu zu führende Streit gegen alte und neue Ungerechtigkeiten. Und das nicht nur, weil wir alle als Menschen mit gleichen Rechten geboren sind, sondern weil wir wissen, dass empörende Ungerechtigkeit den gesellschaftlichen Zusammenhalt zerstört, den Demokratie voraussetzt. Eine Demokratie, die sich nicht immer wieder bemüht, Möglichkeiten auch für diejenigen zu schaffen, die mit weniger Chancen geboren werden, lässt den Abstand zwischen »denen da oben« und »denen da unten« in gefährlicher Weise wachsen und gefährdet das Fundament, auf dem sie ruht. Wer eine pluralistische Gesellschaft will, die mit Ungleichheiten lebt, muss die Gewährung gleicher Chancen unter sich immer wieder wandelnden Bedingungen als Orientierungspunkt behalten. Dieser Blick auf die Aufgabe von Politik hat uns drei zu unterschiedlichen Zeiten in die Politik gebracht, und dieser Blick hat sich bei allen dreien nicht verändert.

CHRONOLOGISCHER LEBENSLAUF

Geboren	am 27. April 1949 in Steinfort
1967	Angestellter von Uniroyal in Steinfort
1968	Beamter der Stadt Luxemburg
1969	Beamter von Steinfort
1972	Eintritt in die Sozialdemokratische Partei Luxemburgs (SLAP)
1976	Matura über den zweiten Bildungsweg am Athenäum in Luxemburg
1976–2004	Verwaltungschef des Interkommunalen Krankenhauses Steinfort
1981	Universitätsabschluss in Zivilprozessrecht an der Universität Nancy, Frankreich
1982–2004	Bürgermeister von Steinfort
1984–2004	Abgeordneter
1989–1997	Fraktionsvorsitzender der LSAP
1997–2004	LSAP-Vorsitzender
2000–2004	Mitglied im Ausschuss der Regionen
2000–2004	Vizepräsident der Sozialdemokratischen Partei Europas
2004–2013	Vize-Premierminister
Seit 2004	Außen- und Immigrationsminister; 2009–2013 zweite Amtszeit; 2013–2018 dritte Amtszeit als Außen-, Immigrations- und Minister für europäische Angelegenheiten; ab 2018 vierte Amtszeit

Auszeichnungen

2010 Großkreuz des Verdienstordens der Bundesrepublik Deutschland
2013 Commandeur de la Légion d'Honneur Frankreichs
2014 Medienpreis »Goldene Ente« der Landespressekonferenz Saar
2016 Deutsch-Französischer Journalistenpreis (DFJP)

Privates

Verheiratet; zwei erwachsene Töchter

ANMERKUNGEN

1 Politbarometer-Umfrage von Luxemburger Wort und RTL vom 23. Oktober 2019.

2 Diese verblüffenden Zahlen veröffentlichte am 22. Dezember 2017 das Luxemburger Wort.

3 Le 29 novembre 2005, le Vice-Premier ministre, ministre des Affaires étrangères et de l'Immigration, Jean Asselborn, a prononcé la traditionnelle déclaration de politique européenne et étrangère à la tribune de la Chambre des députés, Seite 1.

4 Das Gespräch mit Außenminister Jean Asselborn fand am 10. Oktober 2019 in seinem Büro in Luxemburg statt.

5 Jean Monnets Verdienste um die französische Politik werden in US-amerikanischen Darstellungen mit George Marshall verglichen. Vgl. dazu: White, Theodore H.: In Search of History, S. 334, zitiert in: Poirier, Agnès: An den Ufern der Seine. Die magischen Jahre von Paris 1940–1950, Klett-Cotta, Stuttgart 2019, S. 452 ff.

6 Die Eltern von Jean Asselborn sind vor Jahren gestorben, der Vater 78-jährig 1999, die Mutter im 89. Lebensjahr im Jahr 2009.

7 Revue, 22. Juli 2015, S. 14.

8 Pol Schock: Über das Phänomen Jean Asselborn, in: forum, 11. Juni 2015, S. 17.

9 Nicolas Schmit ist Mitglied der luxemburgischen Sozialdemokraten (LSAP). Er wurde 2004 in die Regierung Juncker-Asselborn I berufen, war ab 2004 beigeordneter Minister für auswärtige Angelegenheiten und Immigration und übernahm 2009 das Ministerium für Arbeit, Beschäftigung und Immigration. Von 2013 bis 2018 war er Minister für Arbeit, Beschäftigung sowie Sozial- und Solidarwirtschaft. Im Mai 2019 zog er bei der Europa-Wahl als Abgeordneter in das Europäische Parlament ein. Seit dem 1. Dezember 2019 ist er Kommissar für Beschäftigung, Soziales und Integration in der EU-Kommission von Kommissionspräsidentin Ursula von der Leyen.

10 Gespräch mit Botschafter Marc Ungeheuer am 29. August 2019 in Wien.

11 Am 1. Mai 2004 traten Estland, Lettland, Litauen, Malta, Polen, die Slowakei, Slowenien, Tschechien, Ungarn und Zypern der EU bei. Rumänien und Bulgarien wurden am 1. Januar 2007 Mitglied der EU.

12 APA, 26. August 2004.

13 Gespräch mit Botschafter Marc Ungeheuer am 29. August 2019 in Wien.

14 Die Türkei besetzte im Laufe des Zypernkonflikts im Sommer 1974 den Norden der Insel und damit ein Drittel des Staatsgebietes der Republik Zypern, nachdem griechische Putschisten den Anschluss Zyperns an Griechenland durchsetzen wollten. Im türkisch besetzten Norden, der nach wie vor von türkischen Soldaten besetzt ist, wurde im November 1983 die – international nicht anerkannte – Türkische Republik Nordzypern ausgerufen. Bis heute ist die Insel geteilt. Der griechische Südteil der Insel wurde

am 1. Mai 2004 Mitglied der EU. Ein UN-Plan von Generalsekretär Kofi Annan zur Wiedervereinigung der Insel scheiterte zuvor am 24. April bei einem Referendum auf griechischer Seite, während die Bevölkerung Nordzyperns mit knapp zwei Dritteln der Stimmen dem UN-Plan zustimmte. Mit dem Scheitern der Abstimmung findet nur im griechischen Teil Zyperns EU-Recht Anwendung.

15 Kurier, 18. Dezember 2004.

16 AFP, 17. Dezember 2004.

17 dpa, 21. Dezember 2004.

18 Tageblatt, 21. Dezember 2004.

19 Financial Times, 19. Januar 2005.

20 Der Irakkrieg von März bis Mai 2003 war eine Militäroperation der USA, Großbritanniens und einer »Koalition der Willigen«. Der Krieg führte zum Sturz des damaligen irakischen Diktators Saddam Hussein. Am 1. Mai 2002 erklärte US-Präsident George W. Bush den Krieg für beendet. Die Begründung für den Krieg war die angebliche Bedrohung der USA durch irakische Massenvernichtungswaffen. Die Begründung wurde widerlegt, da im Irak keine Massenvernichtungsmittel und keine Beweise für einen akuten Angriff gefunden wurden. Im Anschluss an den Krieg folgte die bis 2011 andauernde Besetzung des Irak durch die »Koalition der Willigen«.

21 Die Welt, 20. Januar 2005.

22 Kurier, 23. Dezember 2004.

23 APA, 22. Dezember 2004.

24 Ebd.

25 AFP, 11. Januar 2005.

26 AFP, 9. März 2005.

27 Ebd.

28 APA, 16. April 2005.

29 dpa, 24. Mai 2005.

30 APA, 18. Juni 2005.

31 Neue Zürcher Zeitung, 20. Juni 2005, S. 15.

32 Siehe Gipfel-Erklärung, 18. Juni 2005.

33 Frankfurter Allgemeine Zeitung, 4. Juni 2005, S. 6.

34 Traditionelle déclaration de politique européenne et étrangère à la tribune de la Chambre des députés, le 21 novembre 2006.

35 Press Release, Luxembourg Government, 22. Juni 2005.

36 APA, 27. Mai 2006.

37 APA, 12. Februar 2007

38 Der Spiegel, 12. März 2007.

39 AFP, 15. Oktober 2007.

40 Handelsblatt, 10. Januar 2008.

41 APA, 13. Januar 2008.

42 APA, 16. Juni 2008.

43 Der Tagesspiegel, 26. Juni 2008.

44 Reuters, 21. Jänner 2009.
45 Jean Asselborn im Deutschlandfunk, 23. Februar 2011.
46 AFP, 11. März 2011.
47 Ebd.
48 Aussendung des Luxemburgischen Außenministeriums (MAE), 18. Oktober 2012.
49 Luxemburger Wort, 19. Oktober 2012.
50 Lëtzebuerger Journal, 23. Dezember 2013.
51 AFP, 11. März 2013.
52 Reuters, 11. September 2013.
53 Ebd.
54 Interview im Deutschlandfunk, 4. März 2014.
55 Wiener Zeitung, 17. März 2014.
56 Reuters, 16. März 2014.
57 DPA, 29. August 2014.
58 Luxemburger Wort, 24. Dezember 2013.
59 APA, 16. Juni 2015.
60 DPA, 5. September 2015.
61 Ebd.
62 Le Monde, 10. September 2015.
63 APA, 14. September 2015.
64 Ebd.
65 Ebd.
66 Ebd.
67 Ebd.
68 DPA, 14. September 2015.
69 AFP/Reuters, 22. September 2015.
70 APA, 23. September 2015.
71 Reuters, 22. September 2015.
72 DPA, 22. September 2015.
73 Kurier, 24. September 2015.
74 Ebd.
75 Passauer Neue Presse, 23. September 2015.
76 EU-Kommission, Pressemittelung vom 22. Oktober 2015.
77 EU-Observer, 22. Oktober 2015.
78 Zeit Online, 25. Oktober 2015.
79 Jean Asselborn im ZDF-Morgenmagazin, 26. Oktober 2015.
80 Ebd.
81 AFP, 16. November 2015.
82 Zitiert nach: Süddeutsche Zeitung, 14. November 2015, S. 1.
83 DPA, 4. Dezember 2015.
84 Asselborn-Interview im Deutschlandfunk, 15. Dezember 2015.
85 Vgl. dazu: Die Welt, Nr. 7 vom 9. Januar 2016, S. 7.
86 Zitiert nach: ebd.

87 Spiegel Online, 14. Dezember 2015.
88 Frankfurter Rundschau, 23. Juni 2015.
89 Sicherheitspolitisches Trendszenario 2020, hrsg. von Johann Frank, Bundesministerium für Verteidigung, Wien 2020.
90 APA, 25. Februar 2016.
91 Ebd.
92 APA, 18. Juli 2016.
93 Süddeutsche Zeitung, 26. Juli 2016.
94 Ebd.
95 Die Welt, 13. September 2016.
96 APA, 13. September 2016.
97 Lëtzebuerger Journal, 13. September 2016.
98 Reuters, 13. September 2016.
99 Deutschlandfunk, 14. September 2016.
100 DPA, 14. September 2016.
101 DPA, 2. Oktober 2016.
102 Kurier, 7. November 2017.
103 Der Spiegel, 7. Januar 2017.
104 Der Tagesspiegel, 26. Februar 2017.
105 Pressemitteilung Nr. 91/17 des Gerichtshofes der Europäischen Union, Luxemburg, 6. September 2017.
106 Der Tagesspiegel, 7. September 2017.
107 ARD, 6. September 2017.
108 EU-Kommission, Presseservice, 20. Dezember 2017.
109 Auf den Verfassungsgerichtshof, das Oberste Gericht, die ordentlichen Gerichte, den nationalen Justizrat, die Strafverfolgung und die Staatliche Hochschule für Richter und Staatsanwälte.
110 Der Tagesspiegel, 19. Februar 2018.
111 Ebd.
112 Süddeutsche Zeitung, 18. Februar 2020.
113 AFP, 17. Februar 2020.
114 Jean Asselborn im Interview mit dem Luxemburger Wort, 12. September 2019.
115 Der Tagesspiegel, 29. Februar 2020.
116 Neue Zürcher Zeitung, 2. März 2020.
117 La Repubblica, 2. März 2020.
118 Der Spiegel, 2. März 2020.
119 Tageblatt, 13. März 2020.
120 Jean Asselborn-Interview im Deutschlandfunk, 5. März 2020.
121 Der Spiegel, 11. April 2020.
122 Deutschlandfunk, 15. April 2020.
123 APA, 26. März 2020. Am 26. März 1995 – also vor 25 Jahren – traten die Bestimmungen zum Schengener Abkommen in Kraft, die zehn Jahre zuvor im luxemburgischen Grenzort Schengen unterzeichnet worden waren. Die

Umsetzung der Regeln des »Schengen-Raumes« enthält die Abschaffung der Grenzkontrollen im Gebiet und stärkere Grenzkontrollen an den sogenannten Außengrenzen. Heute gehören 26 Länder mit mehr als 400 Millionen Einwohnern zum Schengen-Raum. Nach Angaben der EU-Kommission gibt es jedes Jahr etwa 1,25 Milliarden Reisen über die Grenzen innerhalb dieser Region.

124 Süddeutsche Zeitung, 18. März 2020.

125 Die Welt, 1. April 2020.

126 Ebd.

127 Erklärung von 13 EU-Staaten, die am 1. April 2020 vom niederländischen Außenministerium veröffentlicht wurde.

128 Ursula von der Leyen, Rede am 26. März 2020 vor dem Europäischen Parlament.

129 Die Presse, 15. September 2018.

130 Das »Abkommen über die Rechtsstellung der Flüchtlinge«, wie der eigentliche Titel der Genfer Flüchtlingskonvention lautet, wurde am 28. Juli 1951 verabschiedet. Insgesamt 149 Staaten sind bisher der Konvention beigetreten.

131 Wörtlich übersetzt heißt »Merde alors«: »Also, Scheiße noch mal« oder nur »Scheiße«; in Luxemburg und Frankreich ist »Merde alors« synonym mit »Verdammt noch mal« oder »So eine Gemeinheit«.

132 Tageblatt Lëtzebuerg, Kommentar »Merde alors! Asselborns Ausraster kommt zur rechten Zeit«, 15. September 2018.

133 Neue Zürcher Zeitung, 19. September 2018.

134 Ebd.

135 Kurier, 17. September 2018.

136 Spiegel Online, 15. September 2018.

137 Ebd.

138 Ebd.

139 Kurier, 15. September 2018.

140 APA, 15. September 2018.

141 La Repubblica, 17. September 2018.

142 APA, 17. September 2018.

143 APA, 18. September 2018.

144 Kurier, 18. September 2018.

145 Ebd.

146 Ebd.

147 Kurier, 20. September 2018.

148 APA, 14. September 2018.

149 Ebd.

150 Ebd.

151 APA, 14. September 2018.

152 Kurier, 20. September 2018.

153 APA, 19. September 2018.

154 Ebd.

155 Ebd.
156 Ebd.
157 Jean-Claude Juncker im Interview im Ö1-Mittagsjournal, 19. September 2018.
158 Doron Rabinovici in einem Interview mit dem Deutschlandfunk-Kultur, 1. Dezember 2018.
159 Andrea Clausen, Stefanie Dvorak, Petra Morzé und Sabine Haupt.
160 Tageblatt Lëtzebuerg, 8. August 2019.
161 Der Spiegel, 1. September 2008.
162 Der 1980 in Teheran geborene und in Luxemburg aufgewachsene Regisseur und Fotokünstler Pasha Rafiy drehte 2015 einen Dokumentarfilm über Jean Asselborn. Pasha Rafiy lebt zurzeit in Wien und ist Creative Director der österreichischen Tageszeitung *Die Presse*.
163 Luxemburger Wort, 21. April 2016.
164 Bericht des UN-Generalsekretärs zur Weiterverfolgung der Ergebnisse des Millenniums-Gipfels: »In größerer Freiheit: Auf dem Weg zu Entwicklung, Sicherheit und Menschenrechten für alle«, 21. März 2005, A/59/2005, S. 6.
165 Ebd.
166 Am 14. Juli 2015 wurde nach 13 Jahren Atomstreit eine Einigung mit dem Iran in Wien erzielt, am 16. Januar 2016 trat diese in Kraft. Die westlichen Sanktionen gegenüber dem Iran sollten stufenweise aufgehoben werden.
167 Das Übereinkommen von Paris ist eine Vereinbarung der 197 Vertragsparteien der Klima-Rahmenkonvention der Vereinten Nationen mit dem Ziel des Klimaschutzes in Nachfolge des Kyoto-Protokolls. Das Übereinkommen wurde am 12. Dezember 2015 auf der UN-Klimakonferenz in Paris verabschiedet und sieht vor, die globale Durchschnittstemperatur auf möglichst 1,5 Grad Celsius zu begrenzen und die Treibhausgasemissionen deutlich zu reduzieren.
168 Der Tagesspiegel, 2. Juni 2017.
169 Interview in der Osnabrücker Zeitung, 28. September 2019.
170 Ebd.
171 Spiegel Online, 25. Dezember 2019.
172 Siehe dazu: Der Spiegel, 30. Dezember 2019, S. 28 ff.
173 Emmanuel Macron beim Pariser Friedensforum am 12. November 2019.
174 The Economist, 9. November 2019, S. 9.
175 Politico, 14. November 2019.
176 EU-Außenministerrat am 11. November 2019 in Brüssel.
177 Interview Jean Asselborn mit der Osnabrücker Zeitung, 28. September 2019.
178 Ebd.
179 Vortrag von Jean Asselborn am 17. Januar 2019 im deutschen Tutzing, am 19. September 2019 in Lüneburg.
180 Zitiert aus: forum, 11. Juni 2015, S. 18.
181 Zitiert aus: forum, 11. Juni 2015, S. 17.
182 Das Gespräch mit Doktor Heinz Fischer fand am 13. August 2019 in seinem Büro im Ban Ki-moon Centre for Global Citizens in Wien statt. Heinz Fischer

(geb. 9. Oktober 1938) war von 2004 bis 2016 Bundespräsident der Republik Österreich. Fischer bekleidete aber bereits davor höchste Positionen in der österreichischen Politik und in der Sozialdemokratischen Partei. Von 1975 bis 2004 war er Stellvertretender Vorsitzender der SPÖ. Er war Wissenschaftsminister (1983–1987), danach Klubobmann der SPÖ. 1990 wurde er zum Präsidenten des Österreichischen Nationalrates gewählt und übte dieses Amt bis 2002 aus. Fischer hat Rechtswissenschaften in Wien studiert, habilitierte sich 1978 im Fach Politikwissenschaft an der Universität Innsbruck und wurde 1994 zum Universitätsprofessor ernannt. Er ist Autor zahlreicher Bücher und geschätzter Gesprächspartner in internationalen Medien.

183 Beim EU-Gipfel am 29. Juni 2018 beschließen die Regierungschefs nach einem zwölfstündigen Verhandlungsmarathon, in der EU geschlossene Aufnahmelager für Bootsflüchtlinge einzurichten. Aus Seenot gerettete Migranten sollten »auf Grundlage gemeinsamer Anstrengungen« in von Mitgliedstaaten *freiwillig* eingerichtete »kontrollierte Zentren« gebracht werden, heißt es in der Schlusserklärung. Dort solle »mit voller EU-Unterstützung« überprüft werden, ob es sich »um irreguläre Migranten, die zurückgebracht werden«, handle oder um Schutzbedürftige. Diese Zentren gibt es bis heute nicht. Die Freiwilligkeit hingegen schon. Österreichs Bundeskanzler Sebastian Kurz (ÖVP) bewertete die Beschlüsse des EU-Gipfels zur Verschärfung der Asylpolitik positiv: »Wir sind froh, dass es jetzt endlich einen Fokus auf die Außengrenze gibt.« Die Einigung sei ein Schritt »in die richtige Richtung«.

ABBILDUNGSVERZEICHNIS

DANKSAGUNG

Für die Medienvertreter ist Außenminister Jean Asselborn ein politischer Magnet. Wann immer er vor dem Brüsseler Ratsgebäude ankommt, mit wehendem roten Schal aus seinem Wagen steigt, warten die Presseleute schon auf ihn. Sein Markenzeichen ist es, Klartext zu reden.

Ich habe Jean Asselborn als Journalistin jahrelang beobachtet, an seinen Pressekonferenzen teilgenommen und etliche Interviews mit ihm geführt. Seine offene Art und seine inhaltlichen Positionen haben mich motiviert, zu fragen, wer die Person hinter dem Politiker ist. Für die zahlreichen Diskussionen – auch über tagesaktuelle Themen – und für die Zeit, die er mir geschenkt hat, danke ich Jean Asselborn ganz herzlich. Ich habe das vorliegende Buch aber auch den Gesprächspartnern zu verdanken, die bereit waren, mir ihre Eindrücke über Jean Asselborn zu vermitteln. Es sind dies seine Freunde, Weggefährten und Mitarbeiter.

Ich danke ganz besonders dem deutschen Bundespräsidenten Frank-Walter Steinmeier und dem ehemaligen österreichischen Bundespräsidenten Heinz Fischer, dass sie beide bereit waren, mir Interviews zu geben. Vielen Dank auch an Daniela Lerner und Jessica Besch.

Zu Dank bin ich außerdem Herrn Botschafter Marc Ungeheuer und dem Team des Außenministers verpflichtet: seinem langjährigen Pressesprecher Thomas Barbancay, Georges Bley, Isabelle Lesch und Renate Cech. Ich danke auch den Luxemburgern Maisy Kolbach und Guy Rewenig für Korrekturen und wertvolle Hinweise.

Für das Zustandekommen des Buches bin ich auch dem Czernin Verlag aufrichtig dankbar, vor allem Verleger Benedikt Föger für die interessanten und motivierenden Gespräche und seine Weitsicht. Ebenso danke ich Karin Raschhofer-Hauer für das umsichtige Lektorat.

Wien, April 2020
Margaretha Kopeinig

MARGARETHA KOPEINIG

Mag., Dr., Studium der Soziologie, Politikwissenschaft und Geschichte in Wien und Bogotá. Von 1992 bis Februar 2019 *Kurier*-Redakteurin und Korrespondentin in Brüssel. Ab März 2019 EU-Koordination und internationale Kontakte für die Burgenländische Landesregierung; Chefredakteurin des Magazins *Burgenland kompakt*. Zahlreiche Veröffentlichungen und Preise.